___ACCESO GRATIS___ *a la Lectura en la Nube*

Para visualizar el libro electrónico en la nube de lectura envíe junto a su nombre y apellidos una fotografía del código de barras situado en la contraportada del libro y otra del ticket de compra a la dirección:

ebooktirant@tirant.com

En un máximo de 72 horas laborables le enviaremos el código de acceso con las instrucciones de acceso

AF276025

La visualización del libro en **NUBE DE LECTURA** excluye los usos bibliotecarios y públicos que puedan poner el archivo electrónico a disposición de una comunidad de lectores. Se permite tan solo un uso individual y privado

El español como lengua extranjera y como segunda lengua en la formación de los docentes

COMITÉ CIENTÍFICO DE LA EDITORIAL TIRANT HUMANIDADES

MANUEL ASENSI PÉREZ
Catedrático de Teoría de la Literatura y de la Literatura Comparada
Universitat de València

RAMÓN COTARELO
Catedrático de Ciencia Política y de la Administración de la Facultad de Ciencias Políticas y Sociología
de la Universidad Nacional de Educación a Distancia

M.ª TERESA ECHENIQUE ELIZONDO
Catedrática de Lengua Española
Universitat de València

JUAN MANUEL FERNÁNDEZ SORIA
Catedrático de Teoría e Historia de la Educación
Universitat de València

PABLO OÑATE RUBALCABA
Catedrático de Ciencia Política y de la Administración
Universitat de València

JOAN ROMERO
Catedrático de Geografía Humana
Universitat de València

JUAN JOSÉ TAMAYO
Director de la Cátedra de Teología y Ciencias de las Religiones
Universidad Carlos III de Madrid

Procedimiento de selección de originales, ver página web:

www.tirant.net/index.php/editorial/procedimiento-de-seleccion-de-originales

Dimitrinka Níkleva

El español como lengua extranjera y como segunda lengua en la formación de los docentes

tirant humanidades

Valencia, 2024

Copyright ® 2024

Todos los derechos reservados. Ni la totalidad ni parte de este libro puede reproducirse o transmitirse por ningún procedimiento electrónico o mecánico, incluyendo fotocopia, grabación magnética, o cualquier almacenamiento de información y sistema de recuperación sin permiso escrito de los autores y del editor.

En caso de erratas y actualizaciones, la Editorial Tirant Humanidades publicará la pertinente corrección en la página web www.tirant.com.

DIRECTOR DE LA COLECCIÓN
JUAN MANUEL FERNÁNDEZ SORIA

© Dimitrinka Níkleva

© TIRANT HUMANIDADES
EDITA: TIRANT HUMANIDADES
C/ Artes Gráficas, 14 - 46010 - Valencia
TELFS.: 96/361 00 48 - 50
FAX: 96/369 41 51
Email:tlb@tirant.com
www.tirant.com
Librería virtual: www.tirant.es
DEPÓSITO LEGAL: V-186-2024
ISBN: 978-84-1183-348-6
MAQUETA: Disset Ediciones

Si tiene alguna queja o sugerencia, envíenos un mail a: atencioncliente@tirant. com. En caso de no ser atendida su sugerencia, por favor, lea en *www.tirant. net/index.php/empresa/politicas-de-empresa* nuestro Procedimiento de quejas.

Responsabilidad Social Corporativa:
http://www.tirant.net/Docs/RSCTirant.pdf

Índice

1. INTRODUCCIÓN 9
2. ESTADO DE LA CUESTIÓN 11
3. OBJETO DE LA INVESTIGACIÓN 17
4. PREGUNTAS DE INVESTIGACIÓN, HIPÓTESIS Y OBJETIVOS 21
5. PLANES DE ESTUDIOS DE LAS UNIVERSIDADES ANDALUZAS 23
    5.1. Categorías de análisis... 24
    5.2. Técnicas e instrumentos de recogida de datos 24
    5.3. Procedimiento... 25
    5.4. Análisis de los datos.. 25
        5.4.1. Asignaturas relacionadas con la atención a la diversidad 25
        5.4.2. Contenidos curriculares................................. 26
        5.4.3. Departamentos universitarios vinculados............ 28
        5.4.4. Discusión de los resultados............................ 28
6. METODOLOGÍA 33
    6.1. Participantes... 33
    6.2. Instrumentos de investigación............................... 33
        6.2.1. Estudio piloto 33
        6.2.2. Cuestionario para los alumnos........................ 36
        6.2.3. Cuestionario para los profesores..................... 44
    6.3. Métodos de análisis de datos 54
        6.3.1. Métodos cuantitativos................................... 54
        6.3.2. Métodos cualitativos (etnografía)..................... 56
7. ANÁLISIS DE DATOS 59
8. LAS AULAS TEMPORALES DE ADAPTACIÓN LINGÜÍSTICA (ATAL) 67
    8.1. El funcionamiento de las ATAL y la formación de los futuros docentes 68
    8.2. Metodología 72
        8.2.1. Participantes en el proyecto............................ 73
        8.2.2. Instrumento de la investigación....................... 73
        8.2.3. Métodos de análisis 74
    8.3. Análisis y discusión de los resultados...................... 75

9. El papel del profesor de español como lengua extranjera o segunda y las necesidades en su formación 89
  9.1. El papel y las funciones del profesor de ELE y EL2 89
  9.2. La formación de formadores y de profesorado: enfoques, modelos o paradigmas 95
    9.2.1. El paradigma proceso-producto 97
    9.2.2. Modelo de formación basado en el pensamiento del profesorado 98
    9.2.3. Modelo de actuación en el centro educativo: la práctica colaborativa 98
  9.3. La formación ante los retos de la interculturalidad 99
  9.4. Diseño de programas para la formación de formadores y profesorado 100
    9.4.1. Modelo narrativo-colaborativo 100
    9.4.2. Tareas básicas en los programas de formación 104

10. Las necesidades en la formación del profesorado 109
  10.1. En las titulaciones universitarias 109
  10.2. Resultados de investigaciones empíricas 112

11. Decálogo del buen profesor en ELE o EL2 119

12. LIMITACIONES DEL ESTUDIO Y PROSPECTIVA 123

13. CONCLUSIONES 125

REFERENCIAS BIBLIOGRÁFICAS 129

1. INTRODUCCIÓN

Hace décadas que la población escolar va cambiando, la convivencia de diversas culturas y lenguas en una misma aula es cada vez más habitual y por ello conviene comprobar si los futuros docentes tienen la suficiente formación académica para enfrentarse a esta realidad pluricultural y plurilingüe.

La actualidad social europea refleja una situación impensable hace unos años. El flujo migratorio es cada vez mayor y de muy variada procedencia. Esta situación repercute directamente en las aulas españolas; las autoridades educativas, preocupadas por los niños que llegan al país, los integran en centros educativos junto a escolares autóctonos y otros inmigrantes, lo que conlleva que en las aulas convivan alumnos de los más diversos orígenes y, consecuentemente, con diversas lenguas maternas (L1).

La adaptación de los recién llegados no es fácil, los choques culturales son inevitables y las dificultades se agravan si la lengua que emplean en su vida cotidiana no es la española, o peor, es un idioma que no permite establecer puentes lingüísticos con el español. Conscientes del problema de integración de este colectivo, las autoridades educativas de las diferentes autonomías españolas han creado aulas específicas que atienden las necesidades educativas del nuevo alumnado, de esta forma, encontramos, por ejemplo, las Aulas Temporales de Adaptación Lingüística (ATAL) en Andalucía, las Aulas Intensivas de Inmersión Lingüística del Principado de Asturias, las Aulas de Adaptación Lingüística y Social (ALISO) en Castilla y León, o las Aulas de Enlace de la comunidad madrileña (Rico-Martín, 2014).

Es en este momento cuando se plantea una consecuente problemática: ¿están suficientemente preparados los docentes españoles para atender a estos escolares cuando su primera dificultad es la comunicación lingüística en el entorno escolar más inmediato?

Llegados a este planteamiento, se ha de aclarar que no nos referimos a la formación que cada docente adquiere de forma autodidacta al ser conocedor de esta dificultades sobrevenidas o a la que promueve, por su parte, un gobierno educativo determinado a través de los Centros de Profesores y Recursos, sino que la pregunta va orientada hacia la formación procedente de los planes de estudios del Grado en Educación Primaria, la replanteamos de la forma siguiente según el objeto de estudio de este trabajo: ¿reciben los futuros docentes alguna preparación durante sus estudios universitarios a propósito de la enseñanza del español como segunda lengua (en adelante L2)?

La idea de este libro deriva de tres previos proyectos dirigidos por la autora como investigadora principal:

1. Proyecto de innovación docente, titulado "La formación del maestro para las Aulas Temporales de Adaptación Lingüística (ATAL): una propuesta de ajustar la formación académica y la demanda laboral".

2. Proyecto de innovación docente, titulado "La formación del maestro para la adaptación lingüística de los alumnos inmigrantes: cooperación con las Aulas Temporales de Adaptación Lingüística (ATAL)".

3. Proyecto I+D. Referencia: EDU2013-43868-P. Título del proyecto: *La formación de los docentes de español para inmigrantes en diferentes contextos educativos.*

2. ESTADO DE LA CUESTIÓN

Antes de presentar nuestra selección de estudios previos sobre el tema parece conveniente aclarar la diferencia entre *lengua materna, extranjera y segunda*, puesto que forman parte del título. LE (Lengua extranjera) y L2 (Segunda lengua) en ocasiones, además, se usan como sinónimos de lengua meta. Para hacer estas precisiones terminológicas seguiremos el *Diccionario de términos clave de ELE* (Instituto Cervantes, 1997-2023).

Según el Instituto Cervantes (1997-2023):

> Por lengua materna o L1 se entiende la primera lengua que aprende un ser humano en su infancia y que normalmente deviene su instrumento natural de pensamiento y comunicación. Con el mismo sentido también se emplea lengua nativa y, con menor frecuencia, lengua natal. Tal como se desprende de su apelativo, suele ser la lengua de la madre, aunque también puede ser la de cualquier otra persona: padre, abuelos, niñera, etc. [...] Por ejemplo, en la Roma clásica la primera lengua que aprendía una persona se conocía como *patriussermo*, es decir, la lengua del varón cabeza de familia.

El concepto de *lengua materna* encierra una aparente simplicidad que desaparece si se atiende la gran variedad de criterios en el uso de este término (Instituto Cervantes, 1997-2023, s/p):

- la lengua propia de la madre;
- la lengua habitual en el seno de la familia, transmitida de generación en generación;
- la primera lengua que uno aprende, la lengua en la que uno empieza a conocer el mundo;
- la lengua en la que uno piensa, la que conoce mejor y en la que se comunica con mayor espontaneidad y fluidez y con menor esfuerzo, y, por todo ello, la lengua que uno prefiere

emplear tanto en situaciones de máxima complejidad intelectual como en aquellas otras de máxima intimidad;

· la lengua que uno siente como propia, como parte de su identidad individual y de su propia comunidad.

Hemos de recordar que en una comunidad monolingüe todos los criterios anteriores coinciden y se refieren a una misma lengua que es la primera y la única a la vez. Sin embargo, en una sociedad plurilingüe el individuo puede aprender una primera lengua y después, otra, que se convierta en la lengua dominante. En este sentido, la lengua que domina mejor no será la misma a lo largo de su vida. Este ejemplo se puede observar tanto en una comunidad plurilingüe como en el caso de emigración.

Se considera que algunos hablantes tienen varias lenguas maternas cuando aprenden más de una lengua en su tierna infancia (p. ej., una de la madre, otra del padre y otra de la comunidad en que crecen). De todas formas, con el tiempo alguna de estas lenguas suele convertirse en la dominante, desplazando las otras a un segundo plano.

Según las circunstancias en que se aprende la lengua meta, se suele distinguir entre *lengua extranjera* (LE) y *lengua segunda* (L2). El término *L2* se puede usar siempre que sea una lengua distinta de la L1, pero se suele aplicar a la lengua que se estudia en el país de la lengua meta y no el país de origen.

Según el Instituto Cervantes (1997-2023), se trata de una L2 cuando la lengua meta se aprende en un país donde existe como cooficial y/o autóctona con otra(s) lengua(s). Otra situación frecuente de L2 se produce cuando emigrantes con una L1 común llegan a formar una comunidad de habla relevante en el país de acogida, por ejemplo, los hispanos en EE.UU. En este caso puede considerarse una L2, a pesar de no ser una lengua cooficial en el país.

En situaciones como esta, desde un punto de vista estrictamente lingüístico, parece pertinente empezar a considerar que la lengua de esa comunidad de habla (el español en este ejemplo) puede dejar de ser una LE para convertirse en una L2, al margen de su posible cooficialidad.

El término *segunda lengua* no resulta exacto, ya que se puede aplicar a cualquier lengua siempre que no sea la L1, es decir, se puede usar también para una lengua tercera, cuarta, etc.

El término *lengua extranjera* se suele aplicar cuando la lengua meta se aprende en un país donde no es ni oficial ni autóctona, por ejemplo, el español en el Reino Unido, en Alemania, etc. En otros términos, el proceso de aprendizaje no se produce en el país de la lengua meta.

Después de estas aclaraciones, a continuación se realiza una selección de estudios previos sobre la formación docente para la enseñanza del español como lengua extranjera o segunda para poder así enmarcar nuestro estudio en el panorama científico y valorar su relevancia.

En general, las investigaciones existentes se limitan a la metodología para enseñar español a inmigrantes, pero no llegan a discutir o replantear la formación que reciben los futuros docentes en sus respectivas titulaciones universitarias. No detectan las lagunas y no hacen un diagnóstico de la formación universitaria y continua para poder ajustarla a estos aspectos de la demanda laboral y social. Apenas se ha investigado sobre la formación continua en español para inmigrantes de los docentes funcionarios. En los cursos relacionados con este tema que se les ofrecen normalmente en los CEP (Centros de Profesorado) predominan los temas de interculturalidad en detrimento de los contenidos específicos lingüísticos y didácticos para enseñar una segunda lengua.

Este sentir es general sobre la atención a la inmigración, pero González Blasco (2007) señala, por su parte, la necesidad urgente de mejorar esta preparación de profesores de ELE y dotarle de un carácter específico de tal forma que pueda considerarse una especialidad profesional.

Un hecho a favor de esta especialización radica en la cantidad de recursos de todo tipo que se generan desde hace ya unos años, sean manuales, libros de textos, recursos digitales, revistas del ámbito o trabajos de investigación, sean asociaciones y organismos específicos para ELE/ L2, sin olvidar otros recursos que, aun siendo para lenguas extranjeras en general, son muy útiles para la enseñanza del español, como son el Marco común europeo de referencia para las Lenguas (Consejo de Europa, 2001), el Portafolios europeo de Lenguas (Consejo de Europa, 2001) y la Autobiografía de encuentros interculturales (Consejo de Europa, 2009).

En esta línea, González Blasco (2007) destaca los avances logrados en la formación permanente del profesorado, la labor del Instituto Cervantes y la inclusión de asignaturas optativas sobre la enseñanza del ELE en los planes de estudios universitarios, aseveración esta última que pondremos en entredicho en el ámbito andaluz a lo largo de este trabajo, aunque es la misma autora la que, citando a Cuesta e Ibarra (2007), alerta sobre la insuficiencia o la inadecuación de muchas de estas acciones al no responder a la situación social real, en general, y del aula, en particular. Por este motivo, propone una serie de mejoras en los programas de formación que se acercan a lo trabajado en una didáctica de la lengua general a nivel universitario: tratar todos los elementos curriculares de un programa de lengua (contenidos lingüísticos y culturales, metodología de enseñanza, competencias, valores y actitudes); presentar una estructura flexible y modular; incluir prácticas en aulas reales; trabajar dos grandes bloques de contenidos: los didácticos de una L2 y los relativos a la educación intercultural; diseñar actividades variadas de carácter práctico, reflexivo e investigador; y contar con la participación de todo el profesorado del centro.

Si hay una creencia extendida acerca de que no se proporciona una preparación suficiente para enseñar EL2/ELE (Cuesta e Ibarra 2007; González Blasco 2007; Leiva Olivencia 2012), aún se insiste más en que en esa formación la competencia intercultural está infravalorada; a este respecto, Leiva Olivencia (2012) señala que, en realidad, no existen esos contenidos interculturales en los programas formativos y alerta de que, dada la situación de las aulas andaluzas en cuanto a la diversidad cultural que recogen, se hace necesario un tratamiento de ellos para ayudar a la convivencia educativa y a la cohesión social en general.

Relacionados con la pluriculturalidad, este autor distingue tres tipos de docentes: los que ven como desventaja para su integración escolar la cultura materna de los inmigrantes, los que creen en la riqueza que supone la diversidad cultural, pero no la aprovechan para su labor educativa y los que sí hacen uso de ella para el trabajo en el aula. Como se ha justificado anteriormente acerca de la relación entre la lengua y la cultura, es fundamental relacionar el plurilingüismo y la enseñanza de lenguas con la educación intercultural, lo que hace necesaria una formación docente relacionada con estos contenidos para trabajar adecuadamente con la diversidad cultural de las aulas tanto de Primaria como de Secundaria, como concluyen los profesores participantes en la investigación de Leiva Olivencia (2012).

Las escuelas han cambiado su alumnado por lo que las administraciones educativas han ido adoptando medidas para atenderlo, incluida la preparación específica de los docentes, pero esta resulta insuficiente, como veremos a lo largo de este estudio. Banks (2008) alerta sobre esta necesidad no solo española, sino de las sociedades industrializadas que se ven desbordadas por grandes flujos migratorios que han convertido las aulas de espacios monoculturales a multiculturales (Leistyna, 2002), lo que provoca que el papel del docente sea aún más relevante que lo que nunca se ha considerado al tener que desarrollar valores de empatía, respeto y tolerancia hacia el otro.

En la titulación del Grado de Educación Primaria los alumnos tienen la asignatura de prácticas en los colegios y allí tienen su primer contacto con esta realidad y con las dificultades específicas que les plantea. Los de Filología española no tienen prácticas profesionales durante la carrera, sino posteriormente, en el caso de realizar algún máster, normalmente el que les capacita para ser profesores en Educación Secundaria. Mencionamos este hecho para tenerlo en cuenta a la hora de valorar los datos del cuestionario.

Existen otros tipos de estudios relacionados con la legislación (Grañeras, Vázquez, Parra, Rodríguez, Madrigal y Vale, 2007), las aulas de apoyo lingüístico para inmigrantes (García, Sánchez, Moreno y Goenechea, 2010; Níkleva y Ortega, 2015, entre otros), las necesidades de los docentes (Moreno García, 2007), numerosas investigaciones sobre interculturalidad, la inmensa investigación de Villalba Martínez y Hernández García (2008), etc. Sin embargo, todos los estudios que hemos mencionado son muy distintos del nuestro temáticamente: analizan solo los planes de estudio, las medidas de atención y las aulas de apoyo lingüístico, la interculturalidad, etc. pero no cuentan con los estudiantes como participantes y con sus conocimientos reales sobre el español para inmigrantes. Nuestro estudio pretende valorar los conocimientos adquiridos mediante la formación universitaria recibida para así poder formular conclusiones fundamentadas sobre la necesidad de mejorar la formación específica en las titulaciones universitarias.

Después de haber realizado una amplia búsqueda bibliográfica, creemos que podemos afirmar que no existen estudios previos que midan la capacidad real de los estudiantes universitarios para enseñar el español a alumnos extranjeros. En este sentido, consideramos que nuestro estudio es relevante.

3. OBJETO DE LA INVESTIGACIÓN

El objeto de esta investigación se centra en la formación de los docentes para enseñar el español a inmigrantes en todos los contextos educativos: formación universitaria, docentes en Educación Primaria y Secundaria (aulas de apoyo lingüístico), en Escuelas Oficiales de Idiomas y en asociaciones humanitarias.

El estudio parte de la necesidad de ajustar la formación académica de los docentes a la demanda laboral y a las características de la actual sociedad española, entre las que destaca el número elevado de inmigrantes. Se pretende abarcar tanto la formación universitaria de los futuros docentes para Educación Primaria y Secundaria, como la formación continua de los docentes funcionarios. Nos planteamos también investigar sobre la formación de los docentes en las Escuelas Oficiales de Idiomas y en instituciones como la Cruz Roja, asociaciones sin fines lucrativos como Granada Acoge, etc. El estudio se centra en la formación lingüística y didáctica de estos profesionales para impartir el español como segunda lengua, o sea, a inmigrantes. Colaboran representantes de varias instituciones, distintos ámbitos de investigación y países europeos: universidades (distintos departamentos), aulas de apoyo lingüístico y Escuelas Oficiales de Idiomas. Por tanto, se trata de un estudio transversal de proyección internacional.

Consideramos pertinente esta investigación, porque ha detectado un desajuste significativo entre la formación de los docentes y las expectativas laborales y sociales que se les plantean respecto al elevado número de población extranjera en la actual sociedad española.

En las titulaciones universitarias de los futuros docentes de Educación Primaria y Secundaria no se les proporciona la suficiente formación específica para poder enseñar el español a alumnos inmigrantes. Con frecuencia, esta formación es absolutamente nula.

Sin embargo, el número de extranjeros en España es tan grande que hay que plantearse mejorar notablemente las medidas que ya ha contemplado el sistema educativo para afrontar este reto. En los cursos de formación continua de los Centros de Profesores (CEP) se da prioridad a los temas de interculturalidad y no a la formación lingüística específica sobre el español como segunda lengua, o sea, para inmigrantes. Sin embargo, existen muchas diferencias entre el español como lengua materna, como lengua extranjera y como segunda lengua. Hay que conocer estas diferencias y todo lo que conllevan en el ámbito de la metodología y de todo el proceso de enseñanza-aprendizaje, en general. Los requisitos para profesores en las aulas de apoyo lingüístico (ATAL en Andalucía, "aulas de enlace" en la Comunidad de Madrid, etc.) permiten que este puesto específico se ocupe por docentes de otras áreas y no solo por profesores de Lengua castellana y Literatura. Suelen ser de los departamentos de Lenguas y de Ciencias Sociales, profesorado de Educación compensatoria y Atención a la Diversidad. Por consiguiente, nos parece preocupante el hecho de que en muchas comunidades autónomas el único requisito, por lo visto, es ser hablante nativo del español y no se requiere una cualificación y formación específica en español como segunda lengua o como lengua extranjera. La situación no es mejor en el resto de contextos educativos, de enseñanza no reglada, por ejemplo, en las instituciones y asociaciones humanitarias donde las clases de español para inmigrantes adultos se imparten por voluntariado con cualquier tipo de titulación que no suele tener la necesaria formación específica. Sin embargo, los inmigrantes adulos, con frecuencia no alfabetizados, necesitan la competencia comunicativa en español como el primer paso –fundamental e imprescindible- para su integración social. Por otra parte, para los inmigrantes escolarizados, el español se convierte, además, en la lengua vehicular que les permite acceder a los contenidos de todas las demás áreas curriculares.

Con este estudio pretendemos demostrar la necesidad de mejorar la formación de los docentes de español para inmigrantes en todos los contextos educativos de enseñanza reglada y no reglada. La investigación se realizó en colaboración entre varias entidades educativas: la Universidad de Granada, la Universidad Complutense de Madrid, la Universidad de Almería, Aulas Temporales de Adaptación Lingüística en Andalucía (incluida Melilla), Aulas de enlace en Madrid y Escuelas Oficiales de Idiomas. Por tanto, creemos que nuestra investigación podría tener un alcance amplio no solo en el marco del sistema educativo, sino en el social, ya que supone facilitar y acelerar la integración social en todos los ámbitos de la población extranjera en España.

El estudio pretende concienciar sobre la necesidad de mejorar la formación de los docentes de español para inmigrantes. La lengua es el principal instrumento de comunicación y por tanto, también de integración en una sociedad. Por ello, el estudio supondría también un cambio social al contribuir a la integración de los inmigrantes y a la convivencia multicultural y plurilingüe.

4. PREGUNTAS DE INVESTIGACIÓN, HIPÓTESIS Y OBJETIVOS

Las preguntas de investigación en las que se basa el estudio son las siguientes:

1. ¿Están preparados los profesores de español para enseñar la lengua a alumnos inmigrantes?

2. ¿Cómo se puede mejorar su formación lingüística específica para enseñar el español como lengua extranjera y segunda?

3. ¿Qué opinan los alumnos inmigrantes y los profesores respecto a la enseñanza recibida e impartida?

4. ¿Qué opinan los profesores respecto a su formación recibida en la universidad y en los cursos de formación para enseñar el español como segunda lengua?

La hipótesis de partida consiste en que la formación específica de los docentes de español para inmigrantes no es suficiente, que esta formación es nula o escasa en las titulaciones universitarias de los maestros de Primaria y de los profesores de Educación Secundaria y, por tanto, existe un desajuste entre su formación y las condiciones de su futuro laboral.

Una segunda hipótesis apunta a que la formación continua de los docentes funcionarios en Primaria y Secundaria da prioridad a los temas de interculturalidad, mediación intercultural, integración, etc. en detrimento de la formación lingüística específica sobre el español como segunda lengua.

Los objetivos generales del estudio consisten en:

1. Impulsar la colaboración de la universidad con otras instituciones educativas y humanitarias para la elaboración conjunta de programas de formación de los docentes de español para inmigrantes.

2. Mejorar la formación lingüística específica de los docentes de español para inmigrantes tanto escolarizados como adultos en todos los contextos educativos.

3. Facilitar todo el proceso de integración social de los inmigrantes al mejorar su competencia lingüística.

Se han formulado también objetivos específicos:

1. Conocer y analizar la opinión de inmigrantes escolarizados y adultos y de profesores en todos los contextos educativos: Universidad, Educación Primaria y Secundaria, aulas de apoyo lingüístico, Escuelas Oficiales de Idiomas e instituciones humanitarias.

2. Valorar la capacidad real de los profesores para impartir EL2.

3. Analizar los planes de estudio en todas las universidades españolas.

4. Formular propuestas de mejora a partir de los resultados obtenidos en colaboración entre universidades, aulas de apoyo lingüístico y Escuelas Oficiales de Idiomas.

5. Dar a conocer a los alumnos universitarios –fututos docentes- el funcionamiento de las aulas ATAL y de las aulas de enlace (en la Universidad de Granada, en la Universidad Complutense de Madrid, en la Universidad de Almería y de Jaén).

6. Diseñar cursos de formación para los docentes de español para inmigrantes y ofertarlos a los Centros de Profesores (CEP).

7. Diseñar cursos de formación para los docentes de español para inmigrantes en las instituciones humanitarias.

5. PLANES DE ESTUDIOS DE LAS UNIVERSIDADES ANDALUZAS

Antes de presentar la parte del estudio que mide la capacidad real de estudiantes y de profesores para impartir el español como lengua extranjera, hemos optado por incluir un análisis de los planes de estudios de diferentes universidades andaluzas con el propósito de comprobar qué tipo de formación tienen los alumnos del Grado en Educación Primaria que les asegure una calidad docente en el momento de encontrarse con la realidad multicultural de alumnos extranjeros en las aulas (Rico-Martín y Níkleva, 2017).

Se analizaron los planes de estudios del Grado de Educación Primaria de diecisiete centros pertenecientes a ocho universidades andaluzas (Universidades de Almería, Cádiz, Córdoba, Granada, Huelva, Jaén, Málaga y Sevilla), distribuidas en todas las provincias de la Comunidad Autónoma y en las dos Ciudades Autónomas de Ceuta y Melilla, cuyas facultades pertenecen a la Universidad de Granada aunque se encuentren fuera de la comunidad andaluza (Anexo 1). Todas las universidades, excepto las de Almería y Huelva, cuentan con un centro adscrito y con dos la de Sevilla (tabla 1).

Tabla 1. Descripción del contexto de la muestra

Provincias y Ciudades Autónomas	Universidades	Centros		Planes de estudios
		Facultades	Escuelas/centros adscritos	
8 + 2	8	10	7	8

Conviene especificar que han sido ocho los planes de estudios analizados, pero en una misma universidad, si bien sus centros imparten las mismas asignaturas de formación básica y de carácter obligatorio, didáctico-disciplinar, no ocurre igual con las materias optativas, que pueden diferir en tanto que cada centro incorpora las que considera adecuadas para sus propias menciones o especialidades. Los grados universitarios distribuyen sus créditos en módulos de formación básica, de formación didáctico-disciplinar y en optatividad. Las asignaturas de formación básica (antiguas troncales) son de carácter general dentro de una rama de conocimiento y no tienen que ser específicas de la titulación. Las asignaturas obligatorias trabajan el contenido específico de la titulación, ya que responden a sus competencias específicas, el tipo de formación que les corresponde es didáctico-disciplinar. Y las asignaturas optativas deben ser elegidas por el alumno entre la oferta de asignaturas optativas en el título de Grado.

5.1. Categorías de análisis

Para realizar el análisis cualitativo se estableció una serie de categorías que permitieran la sistematización de los datos, así como la exposición del contenido de los mismos. Así, se determinaron las unidades siguientes: asignatura, carácter de esta, departamento que la imparte y contenidos relacionados con la atención a la diversidad cultural por un lado, y relacionados con la enseñanza de EL2 por otro.

5.2. Técnicas e instrumentos de recogida de datos

La recogida de datos se realizó tras la lectura de los planes de estudios de las ocho universidades. Como instrumento se elaboró una ficha de registro *ad hoc*, con una parte descriptiva (provincia, universidad, tipo de centro) y otra analítica, que incluía las categorías señaladas.

5.3. Procedimiento

A partir de la implantación del Espacio Europeo de Educación Superior (EEES), las universidades deben pasar por un proceso de evaluación que permita verificar la calidad académica y administrativa, y la mejora continua de sus titulaciones. Entre los elementos de los grados y posgrados que analizan los evaluadores externos a estas universidades se encuentra la difusión de los planes de estudios a través de la página web oficial de cada titulación. De esta forma, se ha procedido a consultar el portal de cada Grado en Educación Primaria de los centros de las universidades mencionadas.

Se ha revisado la estructura de los planes de estudios y, por curso, se han comprobado las características de las guías docentes de las asignaturas (Anexo 1) que podían tener relación con nuestro objeto de estudio; de estas características analizamos las que hemos convertido en las categorías señaladas.

5.4. Análisis de los datos

El examen de los planes de estudios proporcionó los siguientes resultados. La relación de asignaturas se puede consultar en el anexo 1.

5.4.1. Asignaturas relacionadas con la atención a la diversidad

En todos los centros universitarios se imparte alguna materia relacionada de alguna forma con esta atención a la diversidad, pero lo que nos interesa es verificar si incluyen orientaciones para la enseñanza del EL2 para inmigrantes.

Así pues, se han encontrado un total de 28 asignaturas, de las que 16 son distintas y 12 compartidas entre los centros que siguen un mismo plan de estudios. Del grupo primero, que es el que interesa en este estudio, se extrae la tabla siguiente.

Tabla 2. Presencia de asignaturas con contenidos relacionados con atención a la diversidad

Tipo de formación (N= 16)	N.º de asignaturas	Universidades (n.º de centros que imparten)
Formación básica	3	Almería (1) Granada (4) Sevilla (3)
Formación didáctico-disciplinar	1	Jaén (1)
Optatividad	12	Cádiz (2) Córdoba (2) Granada (1) Huelva (1) Jaén (2) Málaga (2) Sevilla (3)

Obsérvese que el grueso de las materias analizadas es de carácter optativo.

5.4.2. Contenidos curriculares

El análisis de cada guía docente ha descubierto dos tipos de contenidos vinculados a nuestra investigación: aquellos relacionados con la atención general a la diversidad cultural, por un lado, y los relacionados con la enseñanza y el aprendizaje de una segunda lengua, entre las que se distinguirán las orientadas a EL2, por otro. La tabla 3 refleja este análisis.

Tabla 3. Contenidos de las asignaturas analizadas

Tipos de contenidos	N.º de asignaturas (N=16)		Universidades / n.º centros /n.º asignaturas	Contenidos
Sobre atención a la diversidad	11		Almería / 1 / 1 B Córdoba / 2 / 2 OPT Granada / 4 / 1 B + 1 OPT Huelva / 1 / 2 OPT Málaga / 2 / 2 OPT Sevilla / 3 / 1 B + 1 OPT	Alumnos con necesidades de compensación educativa por incorporación tardía al sistema educativo, junto a las desventajas socioeducativas de las minorías étnicas y culturales (3 asignaturas). La escuela inclusiva y la atención a la diversidad, incluida la cultural, para inmigrantes (6 asignaturas). Tratamiento de las identidades culturales europeas, incluyendo la competencia intercultural (1 asignatura). Necesidades educativas específicas de carácter socioemocional y cultural, conflictos, problemas de conducta y habilidades sociales (1 asignatura).
Sobre enseñanza y aprendizaje de segundas lenguas (L2)	L2	4	Cádiz / 2 / 1 OPT Córdoba / 1 / 2 OPT Jaén / 2 / 1 OPT	Didáctica de las lenguas extranjeras, pero con nociones básicas para trabajar la L2, L3 (4 asignaturas).
	EL2	1	Jaén / 1 / 1 DCO-D	Aunque es una materia general de lengua española y su didáctica, contiene un tema dedicado a la enseñanza del EL2 en aulas multilingües (1 asignatura).

Nota: B: de formación básica; OPT: de optatividad; DCO-D: didáctico-disciplinar.

5.4.3. Departamentos universitarios vinculados

En Granada, los dos departamentos encargados de impartir las asignaturas básicas señaladas son Didáctica y Organización Escolar junto con Psicología Evolutiva y de la Educación; mientras que en Sevilla es función de Didáctica y Organización Educativa junto al de Métodos de Investigación y Diagnóstico en Educación. En la Universidad de Almería, al ser una materia prevista para el curso 2016-2017, no se especifica el departamento al que se adscribe.

Las asignaturas de carácter didáctico-disciplinar son responsabilidad de los departamentos de Didáctica de la Lengua y la Literatura en Cádiz y de Filología Española en Jaén.

Respecto a las asignaturas optativas, en Cádiz pertenecen a Didáctica de la Lengua y la Literatura, también en la Facultad de Granada, pero la optativa de la Facultad de Melilla está adscrita al Departamento de Psicología Evolutiva y de la Educación; de las cuatro asignaturas de Córdoba, la de la Facultad de Ciencias de la Educación está adscrita a tres departamentos (Matemáticas, Filología Inglesa y Alemana, y Psicología Evolutiva y de la Educación), mientras que en el centro adscrito donde se imparten las otras tres no existen departamentos que coordinen la enseñanza; las optativas de la Facultad de Huelva, así como todas las de Málaga y Sevilla, pertenecen a Didáctica y Organización Escolar/Educativa. Por último, las dos de Jaén se incluyen en la docencia de los Departamentos de Filología Inglesa y de Lenguas y culturas mediterráneas.

5.4.4. Discusión de los resultados

El análisis de los diferentes planes de estudios andaluces ha puesto en relieve la carencia de formación específica para enseñar la lengua y la cultura española a alumnos inmigrantes. Además, la escasa preparación que reciben acerca de la diversidad en la escuela se hace mayoritariamente desde asignaturas optativas (Figura 1), con lo que no se garantiza que todos los estudiantes del Grado en Educación Primaria las cursen y tengan unas mínimas nociones sobre la atención educativa idónea que requiere esta diversidad.

Ya en 2009 algunos diarios como *El País* (Albert, 2009) advertían que los centros educativos andaluces habían visto crecer el número de alumnos extranjeros en pocos años, pero esto no iba acompañado de una formación universitaria específica de los futuros docentes. No obstante, entonces se ponía algo de esperanza en los currículos que emanarían de Bolonia y el EEES; hoy, como revela este estudio, seguimos aún, en el mejor de los casos, con una formación mínima de nuestros futuros maestros de cara a la enseñanza a inmigrantes y al desarrollo de la competencia intercultural en el aula. Otros autores han señalado, asimismo, esta necesidad de estudios específicos como han sido los citados en la fundamentación teórica de este trabajo Cuesta e Ibarra (2007), González Blasco (2007), Banks (2008), Escarabajal Frutos (2009), Leiva Olivencia (2012), Níkleva y Ortega-Martín (2015), entre otros.

Dentro de la precariedad de la formación, las asignaturas analizadas que trabajan la diversidad cultural, que son las predominantes, lo hacen de forma muy general y no se imparten en todas las universidades andaluzas, incluso en algunos casos llega a trabajarse junto a ciertos tipos de discapacidad que se pueden encontrar en las aulas de Primaria, sobre todo porque estos alumnos minoritarios pueden presentarse con un acceso tardío a la escolarización y requieren una intervención apropiada para atender sus necesidades educativas específicas. En sus estudios universitarios los futuros docentes reciben una formación fundamentalmente básica, pero orientada a diferentes y muy diversos colectivos, como señalaron también los participantes en la investigación de Escarbajal Frutos (2009), que tampoco trabajaron específicamente la temática de los inmigrantes.

Seis de las once materias que tratan la diversidad cultural aluden a la escuela inclusiva, que pretende la atención educativa y con igualdad de oportunidades a todo el alumnado independientemente de su origen, sus condiciones personales, sociales o culturales, y donde la diversidad de personas, dentro de cada individualidad, se concibe como un hecho enriquecedor que coadyuva a la cohesión social, como señalaba Leiva Olivencia (2012) respecto al tercer tipo de docentes según su perspectiva sobre la diversidad cultural.

No obstante, esto no implica que se trabaje en esas asignaturas la cultura española, sino, en todo caso, el desarrollo de una competencia intercultural de forma muy general.

Le siguen en frecuencia las asignaturas que forman al alumnado en la didáctica de las lenguas extranjeras, pero que inciden de alguna manera en la enseñanza de una segunda lengua. Es necesario destacar aquí que no se seleccionaron todas las que tenían por objetivo la didáctica de lenguas extranjeras en general, sino solo aquellas que trataban una segunda o tercera lengua, ya que requieren una metodología diferente.

Respecto a la enseñanza y aprendizaje de la lengua española como L2, en todo el espacio universitario andaluz, ceutí y melillense, solo hay una mínima y última parte de un temario perteneciente a una asignatura obligatoria, de carácter didáctico-disciplinar, de la Universidad de Jaén, en uno de los dos centros en los que se imparte el Grado de Primaria. Esta materia está orientada a la enseñanza y el aprendizaje del español en las aulas multilingües e incluye el diseño de recursos metodológicos y didácticos para ese objetivo. Es una asignatura vinculada al Departamento de Filología española, en tanto que en el centro adscrito, a pesar de ser la misma materia obligatoria, su contenido difiere en algunos aspectos y no aborda la enseñanza de EL2.

Con este análisis de los planes de estudio se planteó el objetivo de verificar si los currículos del Grado de Educación Primaria en las universidades andaluzas ofrecían la suficiente formación para la enseñanza del EL2 para inmigrantes, y se puede considerar alcanzado tras el análisis de estos programas universitarios, pero ello no conlleva, en absoluto, consecuencias positivas, dado que en esta investigación se revela que los futuros docentes carecen de esta formación específica: vista la estructura de todos los planes de estudios, de las dieciséis asignaturas analizadas en diecisiete centros pertenecientes a ocho universidades, solo una de ellas, la única de carácter didáctico-disciplinar, y de forma muy superficial (supone un tema de siete que componen el programa) trabaja la enseñanza y aprendizaje del español en las aulas multilingües en uno de los dos centros de la Universidad de Jaén.

De las materias restantes, cuatro optativas se orientan a la enseñanza de lenguas extranjeras e incluyen la L2, pero no específicamente el español y once, la mayoría optativas, incluyen contenidos relacionados de alguna forma con el tratamiento de la diversidad cultural en el aula de Primaria, pero no sobre nociones de la cultura española.

En otras palabras, los futuros docentes acaban sus estudios de grado sin ninguna formación específica sobre la enseñanza de la lengua y la cultura españolas a inmigrantes.

6. METODOLOGÍA

Después de haber presentado el análisis de los planes de estudio, iniciamos la parte de la investigación sobre la capacidad real de estudiantes universitarios y de docentes para impartir el español como lengua extranjera o segunda.

Se aplica una metodología mixta para el análisis de los datos: cuantitativa y cualitativa. A continuación presentamos el diseño de la investigación.

6.1. Participantes

Los participantes en el estudio son docentes y alumnos en la Universidad (Granada, Madrid y Almería), en Aulas Temporales de Adaptación Lingüística (Andalucía), en aulas de enlace (Madrid), Escuelas Oficiales de Idiomas y ONGs (Cruz Roja, Granada Acoge, etc.).

6.2. Instrumentos de investigación

6.2.1. Estudio piloto

Para elaborar los instrumentos de investigación se ha hecho un estudio piloto con 42 profesores para probar el cuestionario, su comprensión, extensión, las variables y su codificación, además de fiabilidad y validez. No se ha hecho con los estudiantes, puesto que los dos cuestionarios son muy parecidos.

En función de los resultados obtenidos hemos diseñado las siguientes modificaciones:

- Se tomó la decisión de valorar las respuestas libres en función de la corrección de la respuesta como "bien", "regular" y "mal" o como "bien" y "mal" para reducir el número de categorías para el análisis.

- En el estudio piloto codificamos las respuestas de las preguntas sobre el tiempo más difícil y más fácil morfológicamente como "bien" y "mal" o "verdadero" y "falso", pero posteriormente decidimos para el estudio propiamente dicho asignar 18 etiquetas para todos los tiempos verbales para obtener más información sobre la opinión de los profesores. En estas dos preguntas se confirmó nuestra hipótesis de que muchos sujetos no entienden bien la pregunta, pero decidimos no modificarla, puesto que no era un fallo en la formulación de la pregunta, sino que revelaba desconocimiento por parte de los sujetos. La no comprensión de la pregunta originó muchas respuestas equivocadas en el estudio piloto (67,4% sobre el tiempo más difícil y 88,2% sobre el tiempo más fácil), pero decidimos dejar la pregunta con la misma formulación, precisamente porque en nuestra opinión mide de una manera muy acertada la conciencia metalingüística, la preparación y la experiencia de enseñar el español a inmigrantes.

- En el estudio piloto comprobamos que el cuestionario es más largo de lo recomendable, pero aun así optamos por dejar el mismo número de preguntas para recabar más información. Vamos a aumentar el número de sujetos para el estudio propiamente dicho para cumplir con el requisito estadístico de tres sujetos como mínimo por cada ítem del cuestionario. El cuestionario de los profesores es de 47 ítems y el de los estudiantes, de 58 ítems.

- La fiabilidad y la validez del cuestionario se confirman con los valores estadísticos obtenidos. La fiabilidad se demuestra con el alfa de Cronbach de 0,743 lo que indica consistencia interna entre los datos, mientras que la validez del instrumento se comprueba con los valores de KMO (Kaiser-Meyer-Olkin) de 0,712 y el test de Bartlett con el valor de 0,002.

Después del estudio piloto, hemos optado por usar varios instrumentos, según la metodología que se aplique.

1) Para el análisis cuantitativo.

El instrumento principal es el cuestionario que los participantes contestan de forma anónima.

El primer bloque de preguntas está dedicado a datos de identificación, donde se pide a los alumnos que indiquen su nacionalidad, origen, lengua materna, nacionalidad de los padres, edad, sexo, estudios, tiempo que llevan viviendo en España, etc.

Los cuestionarios combinan algunas preguntas dicotómicas con otras en las que se aplica una escala Likert, según la cual se pide a los alumnos que expresen su grado de acuerdo con cada una de las afirmaciones presentadas mediante una valoración del 1 al 5.

En los cuestionarios se incluyen también preguntas de respuesta múltiple, preguntas abiertas, etc.

Se analiza la fiabilidad (alfa de Cronbach) de todos los cuestinarios para confirmar la consistencia interna entre los datos. Se analiza también la validez de los cuestionarios mediante los valores del estadístico KMO y el test de Bartlett.

2) Para el análisis cualitativo.

· observación participante

· entrevista dirigida

· grabaciones de interacciones de clase, de comentario de interacciones, de discusiones de grupo, de entrevistas con docentes y de entrevistas con estudiantes

6.2.2. Cuestionario para los alumnos

A continuación se presenta el cuestionario para los alumnos. El análisis de datos más detallado se puede consultar en Níkleva y Contreras-Izquierdo (2020).

CUESTIONARIO SOBRE LA FORMACIÓN DE ESTUDIANTES UNIVERSITARIOS EN EL ÁMBITO DEL ESPAÑOL COMO SEGUNDA LENGUA (L2) O PARA ALUMNOS INMIGRANTES

1. Título universitario anterior (titulación terminada): Sí ☐   No ☐

2. Titulación que estás cursando: _____

   _____

3. Universidad en la que estás estudiando: _____

   _____

4. Señala el curso en el que te encuentras:

   PRIMERO ☐   SEGUNDO ☐   TERCERO ☐   CUARTO ☐

5. Sexo: Hombre ☐   Mujer ☐

6. Nacionalidad: _____

7. País de nacimiento: _____

8. Nacionalidad de la madre: _____

9. Nacionalidad del padre: _____

10. Marca con «X» tu edad:

    10.1. De 17 a 25 años ☐

    10.2. De 26 a 30 años ☐

    10.3. De 31 a 40 años ☐

    10.4. De 41 a 50 años ☐

    10.5. Más de 50 años ☐

11. Señala el número de años que has vivido fuera de España:

11.1. 0 años ☐

11.2. Menos de 3 años ☐

11.3. Entre 3 y 10 años ☐

11.4. más de 10 años ☐

11.5. Si has vivido fuera, especifica en qué país: _____

_____

Marca con «X» solo una casilla de 1 a 5 (de menor a mayor grado) para expresar el grado de acuerdo o desacuerdo con cada afirmación.

1 = muy en desacuerdo

2 = algo en desacuerdo

3 = ni acuerdo ni desacuerdo (indiferente)

4 = algo de acuerdo

5 = muy de acuerdo

N.º	PREGUNTAS	1	2	3	4	5
12	Te consideras preparado para enseñar español a alumnos inmigrantes como futuro docente.					
13	La dificultad de enseñar español a alumnos inmigrantes es mayor (en comparación con la enseñanza del español a alumnos nativos).					
14	La formación en enseñanza del español como segunda lengua (L2) o para inmigrantes puede resultar importante para tu futuro laboral.					

15	Tienes suficiente formación específica lingüística para la enseñanza del español como lengua extranjera y como segunda lengua.					
16	Es necesario dominar la lengua nativa del alumno inmigrante para que la clase sea efectiva.					
17	Es útil el conocimiento de alguna lengua extranjera para enseñar a alumnos inmigrantes.					
18	Cuando seas docente, preferirás trabajar con los alumnos inmigrantes fuera del aula ordinaria, en un aula de apoyo lingüístico.					
19	Cuando seas docente, preferirás trabajar con los alumnos inmigrantes dentro del aula ordinaria (junto con los alumnos nativos).					

20. Durante tu carrera universitaria has recibido formación general para atender a alumnos inmigrantes: Sí □ No □

21. Durante tu carrera universitaria has recibido formación específica lingüística para enseñar el español a alumnos inmigrantes:

Sí □ No □

22. En caso afirmativo (si has recibido formación para enseñar el español a inmigrantes), lo estudiaste:

a) en una asignatura específica □

b) como un contenido dentro de una asignatura □

c) como un contenido dentro de varias asignaturas ☐

d) como referencia puntual ☐

23. En caso afirmativo (si has recibido formación para enseñar el español a inmigrantes), el tratamiento del tema te resultó:

a) suficiente ☐

b) insuficiente ☐

24. En caso negativo (si no has recibido formación para enseñar el español a inmigrantes):

a) Te hubiese gustado tener esta formación ☐

b) Consideras que no te hace falta esta formación ☐

25. Tienes experiencia docente:

a) clases particulares ☐

b) prácticas en colegios (en las carreras de Magisterio) ☐

c) academias ☐

d) sin experiencia docente ☐

e) varias de las anteriores ☐

25.1. Si has contestado «varias de las anteriores» en la pregunta anterior, especifica: _____

_____

26. En caso afirmativo de la pregunta anterior, has tenido alumnos inmigrantes en tu experiencia docente:

Sí ☐   No ☐

27. En caso afirmativo, ¿has tenido dificultades para atenderlos?:

Sí ☐   No☐

28. En caso afirmativo, ¿de qué tipo han sido las dificultades?

_____

29. ¿Necesitabas algún tipo de formación que todavía no habías recibido en tu carrera para sentirte más seguro y competente a la hora de impartir clases?

30. Conoces las aulas ATAL:

Sí □   No □

31. ¿En qué consiste una adaptación curricular?

32. ¿Quién hace la adaptación curricular?

33. ¿Para quién se hace la adaptación curricular?

34. Tienes el nivel B1 en una lengua extranjera:
Sí □   No □

35. Las aulas ATAL son:

a) aulas de apoyo *e-learning* para alumnos inmigrantes □

b) aulas de apoyo informático □

c) aulas de adaptación lingüística □

d) aulas temporales de asesoramiento legal para alumnos inmigrantes □

36. ¿Cuáles son los niveles de referencia de una lengua extranjera?

37. ¿Conoces las aulas de enlace? :

Sí □   No □

37.1 ¿Qué son las ATAL?

38. ¿Cuál es el primer modo verbal que le vas a enseñar a un alumno inmigrante de nivel inicial?

_____

39. ¿Cuál es el primer verbo irregular que le vas a enseñar a un alumno inmigrante de nivel A1?

_____

40. ¿Cuál es el primer verbo regular que le vas a enseñar a un alumno inmigrante de nivel A1?

_____

41. ¿Cuál es el tiempo verbal más difícil (morfológicamente) en español como lengua extranjera?

_____

41.1. ¿Por qué? Razona tu respuesta.

_____

41.2. Pon un ejemplo de un verbo conjugado en este tiempo.

_____

42. ¿Cuál es el tiempo verbal más fácil (morfológicamente) en español como lengua extranjera?

_____

42.1. ¿Por qué? Razona tu respuesta.

_____

42.2. Pon un ejemplo de un verbo conjugado en este tiempo.

_____

43. ¿En qué se va a diferenciar tu discurso en el aula cuando tienes alumnos inmigrantes con insuficiente competencia lingüística en español?

_____

44. ¿Qué significa la sigla *MCER*?

_____

45. ¿Qué significa la sigla *PCIC*?

_____

46. ¿Qué funciones comunicativas trabajarías con alumnos inmigrantes del nivel A1? Pon 3 ejemplos.

_____

47. ¿Qué funciones comunicativas trabajarías con alumnos inmigrantes del nivel B1? Pon 3 ejemplos.

_____

48. ¿Qué funciones comunicativas hay que trabajar con inmigrantes adultos del nivel inicial?

_____

49. En un curso de enseñanza del español como segunda lengua es importante que se traten los siguientes contenidos. Asigna un número de 1 a 5 por orden de importancia de menor a mayor grado (1 = nada importante y 5 = muy importante).

N.º	Contenidos	1	2	3	4	5
49.1	Métodos de enseñanza de segundas lenguas					
49.2	Gramática del español					
49.3	Programación y diseño de unidades didácticas					
49.4	Comunicación no verbal					
49.5	Interculturalidad					

49.6	TIC (Tecnologías de la Información y la Comunicación)					
49.7	Datos demográficos sobre la población inmigrante					
49.8	Datos etnográficos, culturales y sociales sobre países de procedencia					
49.9	Legislación española sobre inmigración y extranjería					

49.10. Si lo consideras oportuno, añade otros contenidos que consideres importantes no contemplados en las preguntas anteriores.

_____

50. ¿Cuál crees que será la principal dificultad que le surgirá a un inmigrante para aprender el español? Elige solo una opción.

a) La pronunciación ☐

b) La gramática ☐

c) La lectura ☐

d) La escritura ☐

e) La producción oral ☐

51. Si lo consideras oportuno, añade otras dificultades no contempladas en la pregunta anterior.

_____

52. Los problemas que pueda tener un inmigrante para aprender una segunda lengua tendrán que ver con los siguientes factores.

Según la importancia, asigna un número de 1 a 5 de menor a mayor grado (1 = nada importante y 5 = muy importante):

N.º	Factores	1	2	3	4	5
52.1	La edad					
52.2	Nivel socioeconómico					
52.3	Formación previa y nivel cultural					
52.4	Interés y motivación relacionada con las necesidades					
52.5	Oportunidades para usar la lengua y frecuencia de uso					
52.6	Diferencias lingüísticas con su lengua materna					

52.7 Si lo consideras oportuno, añade otros factores no contemplados en la pregunta anterior.

6.2.3. Cuestionario para los profesores

CUESTIONARIO SOBRE LA FORMACIÓN DEL PROFESORADO DE ESPAÑOL PARA INMIGRANTES

1. Titulación universitaria máxima:

Diplomatura ☐   Licenciatura o grado ☐   Doctorado ☐

Máster ☐   Sin titulación ☐

2. Especifique la titulación: _____

3. Sexo:

Mujer   ☐   Hombre ☐

4. Ha terminado la licenciatura o el grado en Filología española:

Sí ☐   No ☐

5. Ha terminado otra filología:

Sí ☐   No ☐

6. País de nacimiento: _____

7. Nacionalidad: _____

8. Actualmente trabaja como profesor de español en:

8.1	Universidad	☐
8.2	Escuela Oficial de Idiomas	☐
8.3	Aula Temporal de Adaptación Lingüística o aula de enlace	☐
8.4	Centro de Educación Primaria	☐
8.5	Centro de Educación Secundaria	☐
8.6	Centro de Lenguas Modernas	☐
8.7	Academia ELE	☐
8.8	ONG	☐
8.9	Varias de las anteriores	☐

9. Marque su edad:

9.1	De 17 a 25 años	☐
9.2	De 26 a 30 años	☐
9.3	De 31 a 40 años	☐
9.4	De 41 a 50 años	☐
9.5	Más de 50 años	☐

10. Marque el número de años de experiencia docente:

10.1	Menos de 1 año	☐
10.2	Entre 1 y 3 años	☐
10.3	Más de 3 años y menos de 10 años	☐
10.4	Más de 10 años	☐

11. Tiene el nivel B1 en una lengua extranjera:

Sí ☐   No ☐

11.1 Especifique la lengua: _____

12. Tiene un nivel superior a B1 en una lengua extranjera:

_____

12.1 Especifique la lengua: _____

13. Señale el número de años que ha vivido fuera de España:

13.1	0 años	☐
13.2	Hasta 3 años	☐
13.3	Más de 3 años y menos de 10 años	☐
13.4	Más de 10 años	☐

Marque con «X» solo una casilla de 1 a 5 (de menor a mayor grado) para expresar el grado de acuerdo o desacuerdo con cada afirmación.

1 = muy en desacuerdo

2 = algo en desacuerdo

3 = ni acuerdo ni desacuerdo (indiferente)

4 = algo de acuerdo

5 = muy de acuerdo

N.º	PREGUNTAS	1	2	3	4	5
14	Durante su carrera universitaria recibió formación general para atender a alumnos inmigrantes.					
15	Durante su carrera universitaria recibió formación específica lingüística para enseñar español a alumnos inmigrantes.					
16	Tiene la formación necesaria y suficiente para ser profesor de español para inmigrantes.					
17	Es necesario dominar la lengua nativa del alumno inmigrante para que la clase sea efectiva.					
18	La dificultad de enseñar español a alumnos inmigrantes es mayor (en comparación con la enseñanza del español a alumnos nativos).					
19	Considera que en la formación de los futuros docentes de lengua española en Primaria o en Secundaria se debe incluir la enseñanza de español para inmigrantes.					

20. Ha buscado información sobre la enseñanza del español a inmigrantes por su cuenta:

Sí ☐   No ☐

21. Ponga el número aproximado de horas de formación sobre la enseñanza del español como lengua extranjera o como segunda lengua que ha recibido usted:

a	0	☐
b	1-30	☐
c	31-60	☐
d	61-100	☐
e	101-500	☐
f	501-1000	☐
g	Más de 1000	☐

22. Ponga el número aproximado de horas de formación continua del profesorado que ha recibido en cursos de los CEP/CPR (centros de profesores), etc.

a	0	☐
b	1-30	☐
c	31-60	☐
d	61-100	☐
e	101-500	☐
f	501-1000	☐
g	Más de 1000	☐

23. ¿Cuál era la temática predominante en los cursos de formación continua que ha recibido en los CEP/CPR, etc.? Ponga las 3 temáticas predominantes.

a) _____

b) _____

c) _____

24. Enumere 3 actividades de éxito con alumnos inmigrantes:

a) _____

b) _____

c) _____

25. Enumere 3 estrategias de éxito con alumnos inmigrantes:

a) _____

b) _____

c) _____

26. ¿Cuál es el tiempo verbal más difícil morfológicamente en español como lengua extranjera?

_____

26.1 ¿Por qué? Razone su respuesta.

_____

26.2. Ponga un ejemplo de un verbo conjugado en este tiempo.

_____

27. ¿Cuál es el tiempo verbal más fácil morfológicamente en español como lengua extranjera?

_____

27.1 ¿Por qué? Razone su respuesta.

_____

27.2. Ponga un ejemplo de un verbo conjugado en este tiempo.

_____

28. ¿En qué se diferencia su discurso en el aula cuando tiene alumnos inmigrantes con insuficiente competencia lingüística en español? _____

29. ¿Qué funciones comunicativas trabajaría con alumnos inmigrantes del nivel A1? Ponga 3 ejemplos.

a) _____

b) _____

c) _____

30. ¿Qué funciones comunicativas trabajaría con alumnos inmigrantes del nivel B1? Ponga 3 ejemplos.

a) _____

b) _____

c) _____

31. ¿Qué funciones comunicativas hay que trabajar con inmigrantes adultos del nivel inicial?

a) _____

b) _____

c) _____

32. ¿Qué enfoque aplica en su práctica docente con inmigrantes?

Inclusivo ☐   Segregacionista ☐

33. ¿Qué enfoque prefiere aplicar?:

Inclusivo ☐   Segregacionista ☐

34. En sus clases con inmigrantes utiliza predominantemente un método de español como segunda lengua:

Sí ☐   No ☐

35. En sus clases con inmigrantes utiliza predominantemente sus propias adaptaciones curriculares:

Sí ☐   No ☐

36. Enumere las 3 causas principales por las que introduce cambios en su metodología:

a) _____

b) _____

c) _____

37. Asigne un intervalo de porcentaje a la modalidad oral de la lengua (en comparación con la escrita) según cómo se trabaja en sus clases:

a) hasta el 30% ☐	b) entre 30% y 50% ☐	c) entre 50% y el 60% ☐	d) Más del 60% ☐

38. Ponga 3 ejemplos de TIC (Tecnologías de la Información y la Comunicación) que utiliza en clase (por orden de frecuencia en el uso):

a) _____

b) _____

c) _____

39. ¿Qué aspectos cambiaría usted en el funcionamiento de la institución en la que trabaja para mejorar el proceso de enseñanza-aprendizaje del español como L2?

a) _____

b) _____

c) _____

40. Determine la importancia en sus clases de los componentes de la lengua, asignando un número de 1 a 5 (de menor a mayor grado): 1 para el nivel menos importante; 5 para el más importante.

N.º	Componente de la lengua	1	2	3	4	5
40.1	fonológico/fonético					
40.2	morfológico					
40.3	sintáctico					
40.4	léxico-semántico					
40.5	pragmático-discursivo					
40.6	intercultural					

40.7 Si lo considera oportuno, añada otros contenidos, no contemplados en la pregunta anterior, que considere importantes.

_____

41. Los problemas de un inmigrante para aprender una segunda lengua tienen que ver con los siguientes factores. Ordénelos por orden de importancia, asignando un número de 1 a 5 (de menor a mayor grado): (1 para el menos importante y 5 para el más importante):

N.º	Factores	1	2	3	4	5
41.1	La edad					
41.2	Nivel socioeconómico					
41.3	Formación previa y nivel cultural					
41.4	Interés y motivación relacionada con las necesidades					
41.5	Oportunidades para usar la lengua y frecuencia de uso					
41.6	Diferencias lingüísticas con la lengua materna					

41.7 Si lo considera oportuno, añada otros factores, no contemplados en la pregunta anterior, que considere importantes.

_____

43. Si tuviese que asistir a un curso de enseñanza del español como segunda lengua, ¿qué contenidos le gustaría que se tratasen? Asigne un número de 1 a 5 por orden de importancia, de menor a mayor grado: 1 para el menos importante y 5 para el más importante:

N.º	Contenidos	1	2	3	4	5
43.1	Español para fines específicos					
43.2	Métodos de enseñanza de segundas lenguas					
43.3	Gramática del español					
43.4	Programación y diseño de unidades didácticas					
43.5	Comunicación no verbal					
43.6	Interculturalidad					
43.7	TIC (Tecnologías de la Información y la Comunicación)					
43.8	Datos demográficos sobre la población inmigrante					
43.9	Datos etnográficos, culturales y sociales sobre países de procedencia					
43.10	Legislación española sobre inmigración y extranjería					

43.11 Si lo considera oportuno, añada otros contenidos, no contemplados en la pregunta anterior, que considere importantes: _____

44. ¿Cuál es la clave del éxito con un alumno inmigrante para aumentar su competencia en comunicación lingüística en español?

a) _____

b) _____

c) _____

45. ¿Cuáles son los puntos fuertes en su formación para enseñar el español a inmigrantes?

a) _____

b) _____

c) _____

46. ¿Cuáles son los puntos débiles en su formación para enseñar el español a inmigrantes?

a) _____

b) _____

c) _____

47. ¿Qué necesita para mejorar su formación para enseñar el español a inmigrantes?

a) _____

b) _____

c) _____

6.3. Métodos de análisis de datos

El análisis de datos se puede consultar con más detalles en Níkleva y García-Viñolo (2023).

6.3.1. Métodos cuantitativos

El análisis de datos cuantitativos se realizó con el programa estadístico SPSS 22 («Statistical Product and Service Solutions»), el más usado en Ciencias Sociales. Se aplicaron tres métodos de análisis cuantitativo: descriptivo, inferencial y análisis de varianza de un factor (ANOVA).

1) Análisis descriptivo

Se ha realizado el análisis descriptivo de las variables individuales mediante tablas de frecuencia, medidas de centralización y dispersión adecuadas, gráficos, etc.

2) Análisis inferencial.

Se aplicó el análisis inferencial para constatar la relación de dependencia significativa entre las distintas variables de los cuestionarios.

Para el estudio de la relación entre variables cualitativas se emplearon tablas de contingencia y contrastes de independencia mediante el estadístico chi-cuadrado. Asimismo, se aplicó la prueba exacta de Fisher cuando la muestra no cumplía las condiciones para que la aplicación del contraste chi-cuadrado fuera adecuada. Se utilizó un alfa del 5% para evaluar la significación de los contrastes. En los casos donde los contrastes fueron significativos se midió la fuerza de asociación mediante el coeficiente V de Cramer (cuyo rango se encuentra entre 0 -independencia- y 1 –asociación perfecta).

3) Análisis de varianza de un factor (ANOVA) o análisis factorial

Este tipo de análisis permitió conocer la relevancia de ciertos factores.

Nos planteamos realizar análisis de varianza de un factor con comparaciones *post hoc* y ajuste de Bonferroni. De esta manera, obtuvimos resultados sobre las medias, las desviaciones estándar y los resultados de los ANOVAs realizados.

El análisis factorial nos sirvió también para reducir los datos y formar grupos homogéneos de variables. Se usó el análisis de componentes principales.

6.3.2. Métodos cualitativos (etnografía)

Los datos cuantitativos de esta investigación sobre la formación de docentes en diferentes contextos educativos se complementaron y triangularon con otro tipo de datos cualitativos. Desde la perspectiva cualitativa, el dilema se centra no tanto en la búsqueda de la objetividad absoluta, sino en la de clarificar y determinar desde qué objetivismo (o subjetivismo) se está observando y su función principal es holística, puesto que permite conectar todas las facetas del sujeto/contexto estudiado.

En este sentido, la metodología cualitativa empleada para la recopilación de datos es la propia de la etnografía. Para muchos autores este método es la forma básica y fundamental de investigación cualitativa. Permite conocer el significado del uso de las formas lingüísticas que emplean los participantes en ámbitos específicos y, por ello, el objetivo de este método es la descripción escrita de la organización social, las actividades, los recursos simbólicos y materiales, y las prácticas interpretativas que caracterizan a un grupo particular de individuos. En definitiva, el método relaciona el estudio de las formas lingüísticas con el de sus funciones sociales.

Los dos pilares fundamentales del método etnográfico son la observación participante y la entrevista dirigida. Estos datos se consiguieron mediante el trabajo de campo y se analizaron en el diario de campo. En los contextos educativos que nos ocupan, los investigadores llevaron a cabo un trabajo de campo acotado al tiempo en que se desarrolla la investigación (tres años). En ese periodo se hizo una inmersión en la vida, perspectiva e interpretación del mundo de los docentes objeto de este estudio. De este modo, observando sus comportamientos, escuchando sus relatos y participando, en la medida de lo posible, de su práctica docente diaria, se pudo recopilar un amplio número de datos y documentos.

Se grabaron en cada contexto interacciones de clase (20 horas), grupos de interés o grupos de discusión (*focus group*) (10), comentarios de interacciones de clase relevantes para la investigación (10), entrevistas a docentes (10) y entrevistas a estudiantes (20). La metodología de la entrevista se diseñó de forma estructurada, adoptando desde preguntas libres, a modo de guion, hasta cuestionarios más cerrados. En ellas se busca, por parte de los informantes entrevistados, entender no solo el contexto concreto de estudio, sino la importancia de las diferentes prácticas docentes objeto de estudio. Se grabaron y analizaron reuniones de trabajo en las que se trataron aspectos específicos de la labor docente y se redactaron actas de esos encuentros.

A continuación sintetizamos los aspectos del estudio y el diseño expuestos anteriormente sobre la metodología cualitativa del estudio:

Tiempo de desarrollo: tres años.

Espacios estudiados: Aulas de apoyo lingüístico, Escuela Oficial de Idiomas, varias ONG.

Personal estudiado: Docentes de español para inmigrantes.

Material recopilado:

- Documentos para usuarios y documentos internos
- Grabaciones de interacciones de clase (20 horas)
- Grabaciones de comentario de interacciones (10 horas)
- Grabaciones de reuniones de trabajo (10)
- Grabaciones de discusiones de grupo (10)
- Grabaciones de entrevistas con docentes (20)
- Grabaciones de entrevistas con estudiantes (20)

El análisis cualitativo se realizó con el programa NUDIST NVivo.

7. ANÁLISIS DE DATOS

El análisis de datos se realiza, aplicando los métodos y las técnicas de análisis detallado en el apartado 6.3.

Como hemos realizado anteriormente un estudio piloto para poder elaborar el instrumento definitivo, nos parece conveniente señalar aquí solo algunas respuestas y de esta manera justificar su presencia en el cuestionario.

Teníamos especial interés en dos preguntas, cuyas respuestas revelan la experiencia y la conciencia sobre las dificultades para un extranjero: cuál es el tiempo verbal más fácil y el más difícil morfológicamente. En primer lugar, opinamos previamente que muchos de los sujetos ni siquiera entienden bien la pregunta: *morfológicamente* se refiere a la formación/la conjugación del verbo en un tiempo y las irregularidades que presenta. Si hubiéramos planteado la pregunta sobre la dificultad funcional, o sea de uso, las respuestas deberían indicar cualquier tiempo del modo subjuntivo. En nuestra opinión, el tiempo más fácil morfológicamente es el imperfecto de indicativo, porque tiene solo tres verbos irregulares: *ser, ir* y *ver.* Todos los demás se comportan como regulares y, además, la segunda y la tercera conjugación coinciden y esto representa otra facilidad añadida. El tiempo más difícil morfológicamente podría ser el presente de indicativo o el pretérito perfecto simple (indefinido) de indicativo. Hemos considerado como respuestas correctas las dos, aunque nosotros personalmente nos inclinamos por el presente de indicativo.

A continuación recordamos, para ilustrar nuestra opinión, las irregularidades en Presente de Indicativo y en Pretérito perfecto simple de Indicativo con algunos ejemplos (tabla 4 y tabla 5).

Tabla 4. Verbos de conjugación irregular en Presente de Indicativo.

Verbos con irregularidad propia		
Ejemplos: *ser, estar, decir, hacer, tener, ir, poner, salir, caber, traer, saber, oír*, etc.		
Verbos con irregularidad común		
Grupo	Cambio	Ejemplos
Verbos en –ar con diptongación (1.ª, 2.ª, 3.ª pers. sing. , 3.ª pers. plural)	e > ie	*pensar > pienso* *comenzar > comienzo* *empezar > empiezo*
	o > ue	jugar > juego
Verbos en –er con diptongación (1.ª, 2.ª, 3.ª pers. sing.; 3.ª pers. plural)	e > ie	*querer > quiero* *entender > entiendo* *defender > defiendo* *perder > pierdo*
	o > ue	*poder > puedo* *volver > vuelvo*
Verbos en –ir con cambio vocálico (1.ª, 2.ª, 3.ª pers. sing.; 3.ª pers. plural)	e > i	*pedir > pido*
	e > ie	*preferir > prefiero*
	o > ue	*dormir > duermo*
Verbos con cambio consonántico (1.ª persona singular)	c > zc	*conocer > conozco* *traducir > traduzco*

Como se observa en la tabla, el hecho de que el cambio se produce solo en algunas personas gramaticales y no en todas supone una dificultad más para los estudiantes extranjeros.

Recordemos también las irregularidades en Pretérito perfecto simple de Indicativo (conocido también como Indefinido) (tabla 5).

Tabla 5. Verbos de conjugación irregular en Pretérito Perfecto Simple de Indicativo.

Grupo de irregularidad	Ejemplos
De irregularidad propia	*ser, estar, hacer, ir dar, poner, poder, tener, venir*
Pretéritos con u	*estar > estuve, poder > pude, poner > puse, tener > tuve, saber > supe, caber > cupe, andar > anduve, haber > hube*
Pretéritos con j	*decir > dije, traer > traje, conducir > conduje, traducir > traduje, producir > produje, reducir > reduje, deducir > deduje*
Pretéritos con i	*hacer > hice, querer > quise, venir > vine, convenir > convine*
Con cambio vocálico e>i (excepto delante de -i- tónica)	*pedir > pidió, vestir > vistió, elegir > eligió, corregir > corrigió, servir > sirvió, seguir > siguió, impedir > impidió, medir > midió*
Con cambio vocálico o>u (excepto delante de -i- tónica)	*dormir > durmió, morir > murió*
con vocal al final del radical	*leer > leyó, leyeron*

Hemos de señalar que a los sujetos no se les proporcionaron los nombres de los tiempos verbales. Tenían que elegir un tiempo y decir su nombre, explicar las razones por las que lo consideran el más fácil o el más difícil morfológicamente y poner un ejemplo de verbo conjugado en este tiempo.

A continuación presentamos la codificación de las respuestas de los profesores (N = 42) en el estudio piloto que se distribuyen de la siguiente manera (tabla 6).

Tabla 6. Respuestas a la pregunta sobre el tiempo verbal más difícil morfológicamente.

Tiempo verbal	Porcentaje %
Formas simples de Indicativo	
1 = Presente de Indicativo (*hablo*)	5,6%
2 = Futuro simple de Indicativo (*hablaré*)	-
3 = Pretérito perfecto simple (Indefinido) de Indicativo (*hablé*)	24,8%
4 = Pretérito Imperfecto de Indicativo (*hablaba*)	3,2%
5 = Condicional simple de Indicativo (*hablaría*)	0,8%
Formas compuestas de Indicativo	
6 = Pretérito Perfecto Compuesto de Indicativo (*he hablado*)	1,6%
7 = Pretérito Pluscuamperfecto de Indicativo (*había hablado*)	0,8%
8 = Pretérito anterior de Indicativo (*hube hablado*)	-
9 = Futuro perfecto o compuesto de Indicativo (*habré hablado*)	-
10 = Condicional compuesto o perfecto Indicativo (*habría hablado*)	-
Formas simples de Subjuntivo	
11 = Presente de Subjuntivo (*hable*)	22,4%
12 = Pretérito imperfecto de Subjuntivo (*hablara o hablase*)	7,2%
13 = Futuro de Subjuntivo (*hablare*)	5,6%
Formas compuestas de Subjuntivo	
14 = Pretérito perfecto compuesto de Subjuntivo (*haya hablado*)	3,2%
15 = Pretérito pluscuamperfecto de Subjuntivo (*hubiera/se hablado*)	8%
16 = Futuro Perfecto de Subjuntivo (*hubiere hablado*)	0,8%
17 = Modo Imperativo *habla, hablad*	1,6%
18 = otro (tiempo inexistente)	14,4%

Hemos de señalar que 26 profesores no han contestado esta pregunta.

En la tabla anterior hemos etiquetado con el número 18 las respuestas que señalan un tiempo inexistente en español.

El porcentaje más alto (24,8%) considera que el Pretérito Perfecto Simple de Indicativo es el tiempo más difícil morfológicamente y en este sentido coincide con nuestra opinión, además de que nosotros creemos que el Presente de Indicativo es todavía más difícil morfológicamente. Muchos profesores señalan el Presente de Subjuntivo (22,4%), suponemos que por la dificultad de usarlo, a pesar de que esto no representa una dificultad morfológica, sino funcional. Un 14,4% señalan un tiempo inexistente.

En las dos siguientes preguntas, relacionadas con explicar la selección del tiempo más difícil, aumenta el número de sujetos que no contestan. Se les pidió que explicaran sus razones de considerarlo el más difícil y que pusieran un ejemplo de verbo conjugado en este tiempo. Un 67,8% han contestado «bien» la pregunta sobre las razones frente a un 32,2% que ha contestado «mal» y 33 sujetos que no han contestado. En cuanto al ejemplo de verbo conjugado en este tiempo, un 90,99% lo ha hecho «bien» frente a un 9,01% que lo ha hecho «mal» y 40 sujetos que no han contestado.

En la pregunta sobre el tiempo más fácil morfológicamente para un extranjero la moda señala el Presente de Indicativo (54,3%), que en nuestra opinión es justo lo contrario: el más difícil. El tiempo más fácil morfológicamente es el Pretérito Imperfecto de Indicativo (15,5%), puesto que presenta solo tres verbos irregulares: *ser*, *ir* y *ver*; además, la segunda y la tercera conjugación coinciden en este tiempo. A continuación presentamos todos los resultados de esta pregunta (tabla 7).

Tabla 7. Respuestas a la pregunta sobre el tiempo verbal más fácil morfológicamente.

Tiempo verbal	Porcentaje %
Formas simples de Indicativo	
1 = Presente de Indicativo (*hablo*)	54,3
2 = Futuro simple de Indicativo (*hablaré*)	14,7
3 = Pretérito perfecto simple (Indefinido) de Indicativo (*hablé*)	2,6
4 = Pretérito Imperfecto de Indicativo (*hablaba*)	15,5
5 = Condicional simple de Indicativo (*hablaría*)	2,6
Formas compuestas de Indicativo	
6 = Pretérito Perfecto Compuesto de Indicativo (*he hablado*)	2,6
7 = Pretérito Pluscuamperfecto de Indicativo (*había hablado*)	-
8 = Pretérito anterior de Indicativo (*hube hablado*)	-
9 = Futuro perfecto o compuesto de Indicativo (*habré hablado*)	-
10 = Condicional compuesto o perfecto Indicativo (*habría hablado*)	-
Formas simples de Subjuntivo	
11 = Presente de Subjuntivo (*hable*)	-
12 = Pretérito imperfecto de Subjuntivo (*hablara o hablase*)	-
13 = Futuro de Subjuntivo (*hablare*)	-
Formas compuestas de Subjuntivo	
14 = Pretérito perfecto compuesto de Subjuntivo (*haya hablado*)	-
15 = Pretérito pluscuamperfecto de Subjuntivo (*hubiera/se hablado*)	-
16 = Futuro Perfecto de Subjuntivo (*hubiere hablado*)	-
17 = Modo Imperativo *habla, hablad*	0,9
18 = otro (mal)	6,9

Un 75,9% han contestado "bien" la pregunta sobre las razones para considerarlo como el tiempo más fácil frente a un 24,1% que ha contestado "mal". En la pregunta donde se pedía que pusieran un ejemplo de verbo conjugado en este tiempo un 93,7% lo ha hecho "bien" frente a un 6,3% que lo ha hecho "mal".

Se formularon tres preguntas sobre las funciones comunicativas que trabajarían con inmigrantes del nivel A1, B1 y adultos del nivel inicial (tabla 8). Se pidieron tres ejemplos. En estas preguntas aumenta el número de no contestados que llega a 26 de 42 en total (en la pregunta de las funciones con inmigrantes adultos).

Tabla 8. Funciones comunicativas en A1, B1 y con inmigrantes adultos.

	Funciones comunicativas con alumnos inmigrantes y ejemplos		
	A1	B1	Inmigrantes adultos A1
bien	79,57%	73,63%	78,95%
regular	12,9%	14,29%	9,21%
mal	7,53%	12,09%	11,84%

Estas preguntas se repetían en el cuestionario para los estudiantes, donde se plantearon más bien como una pregunta trampa, puesto que las funciones comunicativas en A1 y en B1 son las mismas, pero a medida que se avanza en los niveles va aumentando el número de funciones, así como el número de exponentes y su complejidad que de fijos pasan a ser más abiertos cuando se posee una mayor capacidad de creación lingüística. Otra observación que hemos de destacar es que la mayor parte de los exponentes responden a muestras de lengua oral y a un registro neutro o estándar hasta el nivel B1. La inclusión de las marcas de registro (coloquial, formal, pero sin el vulgar) se inicia en B2 y aumenta en C1 y C2 (Instituto Cervantes, 2007 [2006]).

Entre las funciones en estos niveles podemos mencionar, por ejemplo, las de: saludar, disculparse, agradecer, presentar a alguien, despedirse, dar y pedir información, expresar opiniones, gustos, deseos, sentimientos y actitudes, dar una orden o instrucción, ofrecer e invitar, aceptar o rechazar una invitación, etc. En este cuestionario, como los sujetos son profesores, aumenta considerablemente el porcentaje de respuestas correctas en comparación con el cuestionario de estudiantes, pero queríamos formular la pregunta, porque estos conocimientos revelan tanto la preparación teórica como la experiencia docente de los sujetos.

8. LAS AULAS TEMPORALES DE ADAPTACIÓN LINGÜÍSTICA (ATAL)

En este apartado hemos elegido un aula de apoyo lingüístico para para comprobar el conocimiento que tienen de estas aulas los futuros maestros.

La actual sociedad –multicultural y plurilingüe– nos plantea nuevos retos en el ámbito docente que debemos afrontar de la mejor forma posible para intentar cumplir con nuestros objetivos, con los requisitos de profesionalidad y con las expectativas de nuestros alumnos y de la sociedad, en general. Por ello, consideramos que uno de los aspectos de suma importancia en el ámbito educativo consiste en ajustar la formación académica a la demanda laboral.

El continuo aumento de la población extranjera en España y, por consiguiente, del alumnado extranjero que no posee la suficiente competencia lingüística en español como lengua vehicular ha generado una serie de medidas para afrontar esta realidad plurilingüe y multicultural que, según la normativa vigente, se sitúan en el marco de la educación inclusiva (aunque en la práctica predomina el enfoque segregacionista) y se pueden agrupar en tres ejes: la acogida, el aprendizaje del español como lengua vehicular y el mantenimiento de la cultura de origen. El segundo eje –el apoyo lingüístico– es fundamental para la competencia comunicativa y, de ahí, para la integración social del individuo. Este tipo de apoyo recibe distinta denominación en las diferentes comunidades autónomas, pero la esencia y los objetivos son parecidos. En algunas comunidades se aplica en las aulas de acogida, de inmersión lingüística, de enlace, etc. En este apartado nos planteamos dar a conocer el caso de Andalucía, donde estas mismas aulas reciben el nombre de *Aulas Temporales de Adaptación Lingüística (ATAL)* y en su funcionamiento subyacen los fundamentos de la enseñanza de segundas lenguas.

Nos interesa también estudiar el conocimiento de los futuros docentes sobre estas aulas y sobre su formación para enseñar a inmigrantes. Para ello conviene conocer sus actitudes hacia los inmigrantes para poder basar en ellas nuestras futuras propuestas pedagógicas.

Este apartado parte del propósito de mejorar la relación entre la formación del docente y la demanda del mercado laboral. Para ello es necesario dar a conocer las aulas ATAL y proporcionar a nuestros alumnos universitarios la oportunidad de conocer su funcionamiento, los requisitos para poder optar a este puesto específico en un futuro, la posibilidad de ver y evaluar materiales hechos por alumnos inmigrantes en Primaria, de elaborar unidades didácticas destinadas a mejorar los resultados de los alumnos inmigrantes, etc.

8.1. El funcionamiento de las ATAL y la formación de los futuros docentes

La normativa legal que regula las medidas y actuaciones de las ATAL está recogida en la Orden de 15 de enero de 2007, de la Consejería de Educación de la Junta de Andalucía (BOJA, núm. 33).

En esta Orden se señala que la incorporación de alumnado extranjero al sistema educativo español supone la aparición de nuevas necesidades educativas, motivadas fundamentalmente por:

1. La diversidad de origen y cultura del alumnado inmigrante.

2. Los diferentes momentos de incorporación a los centros educativos.

3. El desconocimiento total o parcial del español como lengua vehicular del proceso de enseñanza-aprendizaje.

Por estos motivos se han diseñado las ATAL, destinadas principalmente a las siguientes actuaciones:

1. El apoyo en cuanto al aprendizaje de la lengua de acogida.

2. El mantenimiento de la cultura de origen.

3. La integración escolar y social del alumnado inmigrante.

El artículo 5 de la citada Orden establece que:

1. Las Aulas Temporales de Adaptación Lingüística son programas de enseñanza y aprendizaje del español como lengua vehicular, vinculados a profesorado específico, que permiten la integración del alumnado inmigrante en el centro y su incorporación a los ritmos y actividades de aprendizaje propios del nivel en el que se encuentren escolarizados atendiendo a su edad y a su competencia curricular, según lo establecido en la normativa vigente.

2. Estos programas deberán realizarse en el aula ordinaria. Se podrán organizar grupos de apoyo atendidos por profesorado específico para llevar a cabo la atención fuera del aula ordinaria cuando circunstancias especiales en la comprensión-expresión de la lengua española así lo aconsejen.

Sin embargo, en la práctica, en la mayoría de los casos parecen darse estas «circunstancias especiales», por lo que el apoyo se presta fuera del aula ordinaria (conocido como *enfoque segregacionista* frente al *enfoque inclusivo* –en el aula ordinaria–).

Es importante destacar que según la Orden, *cada una de las actuaciones a desarrollar con el alumnado inmigrante corresponde a la totalidad del profesorado del centro* (art. 2, punto 3).

Las ATAL se implantan en los centros públicos de enseñanza tanto en Educación Primaria como en Educación Secundaria Obligatoria para los cursos desde 3.º de Primaria hasta 4º de ESO: *a partir del Segundo Ciclo de Educación Primaria y hasta el final de la Educación Secundaria Obligatoria* (art. 7, punto 1).

El criterio que rige para la selección de los alumnos para estas aulas es el menor nivel de competencia lingüística. La evaluación se basa en los niveles del *Marco común europeo de referencia para las Lenguas (MCER)* (Consejo de Europa, 2002). Los seis niveles del MCER (A1, A2, B1, B2, C1 y C2) han sido simplificados y reducidos a cuatro (0, 1, 2 y 3) para su utilización en las ATAL de la siguiente manera (tabla 9):

Tabla 9. Correspondencia entre los niveles lingüísticos de ATAL y del MCER

CORRESPONDENCIA ENTRE NIVELES	
NIVELES ATAL	NIVELES MCER
Nivel 0	Ausencia de las características del nivel A1
Nivel 1	A1
Nivel 2	A2
Nivel 3	B1, B2, C1 y C2

En cuanto al tiempo de permanencia en estas aulas, fuera del aula ordinaria, la Orden establece un máximo de 10 horas en Educación Primaria y de 15 horas en Educación Secundaria Obligatoria. El período de permanencia puede llegar a un curso escolar (excepcionalmente, hasta un máximo de dos cursos).

No se establece un número mínimo de alumnos, pero sí se fija un número máximo de doce.

En la mayoría de los casos, el puesto de maestro o profesor en ATAL es itinerante.

La jornada de este profesorado deberá computar el tiempo destinado a los desplazamientos necesarios para la atención a más de un centro. Se considerará itinerancia cuando el profesorado del programa imparta docencia en dos o más localidades. (art. 10, punto 3)

No se establecen requisitos para el profesorado de las ATAL. La disposición adicional segunda de la citada Orden indica que:

El proceso de selección del profesorado de las Aulas Temporales de Adaptación Lingüística se realizará según lo establecido por la Dirección General de Recursos Humanos para la selección de puestos docentes de carácter específico. En cualquier caso, será competencia de las Delegaciones Provinciales de la Consejería de Educación la convocatoria de los concursos de méritos preceptivos al objeto de cubrir los puestos vacantes que en su día se determinen.

Las ATAL surgen a causa del continuo aumento de la población inmigrante en España, un fenómeno del que derivan numerosos problemas. En estas aulas se produce un encuentro multicultural que presenta un amplio abanico de problemas lingüísticos y culturales. Por tanto, el docente necesita tener una formación específica para poder afrontar todos los problemas y resolver los conflictos que pueden surgir. Debe saber enseñar la competencia lingüística y sociolingüística, la competencia afectiva, debe saber educar en valores, usar el conflicto como aprendizaje y prevenir. Debe conseguir la convivencia multicultural.

El docente en las ATAL debe enseñar la Lengua española y su cultura que incluye pautas de conducta, creencias, valores y actitudes, etc. Por lo tanto, los que impartimos docencia en la Universidad tenemos que preparar a los estudiantes para que sepan enseñar tanto la competencia lingüística y la sociolingüística, como la competencia afectiva y sus componentes: la empatía, la actitud de no juzgar al otro, la motivación para la comunicación intercultural, etc., recordando que la interculturalidad implica diálogo, comprensión y encuentro. La escuela debe colaborar en la creación de la sociedad multicultural y en la formación de actitudes positivas hacia la diversidad cultural. Debemos colaborar para que se establezcan relaciones no discriminatorias, basadas en el respeto mutuo y la tolerancia. Además, todo esto nos aportaría un enriquecimiento cultural.

En nuestro ámbito –el educativo– como en todos los demás ámbitos de la sociedad, existen prejuicios hacia los inmigrantes que dificultan la convivencia. Los estereotipos representan una simplificación burda y una distorsión injusta de la realidad. Su aceptación inconsciente se debe a dos factores: la falta de pensamiento crítico y la falta de conocimiento. Muchos de ellos se divulgan por los medios de comunicación. Es por ello que el profesorado tiene un papel fundamental en la formación del alumnado en general y en el desarrollo de su competencia intercultural afectiva, en particular. De ahí, la importancia de que sea consciente de este papel, de que por su parte tenga la formación necesaria y la actitud imprescindible para poner en marcha una intervención pedagógica en esta línea y aprovechar una de las ventajas del trabajo que se realiza en las ATAL (más en el enfoque inclusivo que en el segregacionista) que consiste en que el conocimiento de los otros se convierte en una vía hacia el conocimiento de uno mismo. Es el término necesario de comparación. Y por lo tanto, es un elemento enriquecedor.

8.2. Metodología

A continuación exponemos la metodología de un estudio previo sobre las ATAL: participantes, instrumento de la investigación y métodos usados de análisis de los datos (Níkleva, 2014).

Se organizaron varias charlas informativas sobre las ATAL y su funcionamiento para los alumnos en el Grado de Primaria de la Facultad de Ciencias de la Educación de la Universidad de Granada. Las charlas fueron impartidas por maestros en ATAL y resultaron muy interesantes y motivadoras para los alumnos.

Con el objetivo de mejorar la competencia en comunicación lingüística de los alumnos en ATAL, los futuros maestros crearon materiales didácticos y diseñaron una intervención didáctica, guiada por sus profesores.

Un aspecto muy positivo de la experiencia fue que se contextualizó el proceso de enseñanza-aprendizaje de los futuros docentes al proporcionarles materiales auténticos elaborados por alumnos en las aulas

ATAL. Los materiales han servido para diagnosticar problemas lingüísticos y culturales y, posteriormente, elaborar propuestas de intervención didáctica y unidades didácticas basadas en esta experiencia.

8.2.1. Participantes en el proyecto

Para seleccionar a los participantes hemos seguido el propósito de representar toda la comunidad educativa. De esta manera, participaron siete profesores de la Universidad de Granada (de tres facultades: dos de Granada y una de Melilla), seis maestros en ATAL, una doctoranda, un alumno universitario, un asesor intercultural y un técnico en mediación intercultural. Contamos también con el apoyo y la colaboración de la Delegación Provincial de Educación de Granada y el Servicio de Ordenación Educativa, cuya responsable de las ATAL participó como colaboradora en el proyecto.

Participaron también 266 alumnos universitarios del Grado de Primaria.

Respecto a las preguntas de identificación, el 98,5% de los alumnos respondieron no tener un título universitario previo frente a un 1,5% que ha cursado otra carrera. Las edades de los participantes oscilan entre los 18 y 51 años, con una edad media de 20,62 y una moda de 19. En cuanto al sexo de los alumnos, se observa una mayoría de mujeres (53,7%) frente a los hombres (46,3%). El 100% de los alumnos encuestados tiene nacionalidad española, a pesar de que un 0,7% ha nacido en el extranjero. Un 6,6% de los padres han nacido en el extranjero y un 2,2% conserva la nacionalidad extranjera. En cuanto a las madres, un 4,4% han nacido fuera de España y un 0,7% conserva la nacionalidad extranjera.

8.2.2. Instrumento de la investigación

Nuestros instrumentos de investigación fueron dos cuestionarios contestados por 266 alumnos universitarios en total. Se pasó un cuestionario inicial, antes de realizar la experiencia, a 130 alumnos de 2.º curso del Grado de Primaria con el objetivo de conocer su opinión en cuanto a su formación para enseñar a alumnos inmigrantes y también para medir sus actitudes hacia los inmigrantes y su conocimiento de las aulas ATAL. Los resultados de este primer cuestionario se pueden consultar en Níkleva y Ortega (2015).

Al final de la experiencia se pasó otro cuestionario –final– a dos grupos de control y dos grupos experimentales para medir los resultados obtenidos. Los informantes en el segundo cuestionario fueron 136 alumnos de 1.º curso del Grado de Primaria, distribuidos en dos grupos: 68 alumnos en el grupo experimental y 68 alumnos en el grupo de control. El grupo experimental, dividido en dos, recibió una charla informativa sobre las aulas ATAL por parte de dos maestras en ATAL. Este segundo cuestionario, compuesto por 41 ítems de preguntas cerradas y abiertas, combina algunas preguntas dicotómicas con otras en las que hemos aplicado una escala Likert, según la cual se pide a los alumnos que expresen su grado de acuerdo con cada una de las afirmaciones presentadas mediante una valoración del 1 al 5 (de menor a mayor grado). Adjuntamos el cuestionario completo en el Anexo 1.

8.2.3. Métodos de análisis

El análisis de datos se realizó con el programa estadístico SPSS (*Statistical Product and Service Solutions*). Se aplicó el análisis descriptivo de las variables individuales mediante tablas de frecuencia, medidas de centralización y dispersión adecuadas, gráficos, etc. Para el estudio de la relación entre variables cualitativas se han empleado tablas de contingencia y contrastes de independencia mediante el estadístico chi-cuadrado. Asimismo, se aplicó la prueba exacta de Fisher cuando la muestra no cumplía las condiciones para que la aplicación del contraste chi-cuadrado fuera adecuada. Se utilizó un alfa del 5% para evaluar la significación de los contrastes. En los casos donde los contrastes fueron significativos se midió la fuerza de asociación mediante el coeficiente V de Cramer (cuyo rango se encuentra entre 0 –independencia– y 1 –asociación perfecta–).

8.3. Análisis y discusión de los resultados

Nos centramos aquí en el análisis del cuestionario. Como hemos señalado anteriormente, hemos aplicado dos técnicas del análisis cuantitativo –el descriptivo y el inferencial– y a continuación vamos a presentar los resultados, siguiendo la línea de los objetivos e hipótesis del estudio.

Respecto a las preguntas de opinión, medidas con una escala Likert, en el cuadro 1.2 detallamos la frecuencia y los porcentajes de algunas respuestas, además de las medidas de centralidad obtenidas. En el cuestionario, para las preguntas de la escala Likert, se especifica lo siguiente:

Marca solo un número de 1 a 5 (de menor a mayor grado) para expresar el grado de acuerdo o desacuerdo con cada afirmación.

1 = muy en desacuerdo

2 = algo en desacuerdo

3 = ni acuerdo ni desacuerdo (indiferente)

4 = algo de acuerdo

5 = muy de acuerdo

Tabla 10. La moda, la frecuencia y los porcentajes de algunas respuestas con escala Likert

Nº	PREGUNTAS	MODA	1	2	3	4	5
3	Te consideras preparado para enseñar a alumnado inmigrante como futuro maestro.	4	4 3,0%	18 13,3%	36 26,7%	49 33,3%	28 20,7%

4	Has tenido asignaturas que contemplan la enseñanza a alumnos inmigrantes.	1	38 28,1%	30 22,2%	37 27,4	22 16,3%	8 5,9%
5	Es útil e importante recibir formación específica para enseñar a alumnos inmigrantes.	5	3 2,2%	4 3,0%	17 12,6%	55 40,7%	56 41,5%
6	Necesitas formación específica para la enseñanza del español como lengua extranjera o para inmigrantes.	4	10 7,4%	7 5,2%	39 28,9%	48 35,6%	31 23,0%
7	Te será útil el conocimiento de alguna lengua extranjera para enseñar a alumnos inmigrantes.	5	0	1 0,7%	11 8,1%	45 33,1%	79 58,1%
8	Hay demasiados inmigrantes en España.	3	14 10,4%	7 5,2%	45 33,3%	34 25,2%	35 25,9%

9	Te gustaría que hubiera menos inmigrantes.	3	29 21,6%	16 11,9%	48 35,8%	21 15,7%	20 14,9%
10	Como maestro tendrás muchos alumnos inmigrantes.	3	0	8 5,9%	56 41,2%	43 31,6%	29 21,3%
11	La dificultad de enseñar a alumnos inmigrantes es mayor.	4	4 3,0%	9 6,7%	32 23,7%	63 46,7%	27 20,0%
12	Te gustaría dar clases solo a alumnos de origen español durante el prácticum, antes de finalizar tu carrera.	1	44 32,4%	18 13,2%	43 31,6%	17 12,5%	14 10,3%
13	Te gustaría dar clases a alumnos de origen español y alumnos inmigrantes durante el prácticum, antes de finalizar tu carrera.	5	5 3,7%	6 4,4%	39 28,7%	30 22,1%	56 41,2%

14	Necesitas conocer algunos aspectos de interculturalidad o multiculturalidad para poder atender mejor a los alumnos inmigrantes.	4	1 0,7%	2 1,5%	25 18,4%	56 41,2%	52 38,2%
15	Los inmigrantes quitan los puestos de trabajo de los españoles.	3	32 23,7%	21 15,6%	40 29,6%	29 21,5%	13 9,6%
16	Los alumnos inmigrantes quitan plazas escolares a los niños españoles.	3 y 5	40 30,1%	31 23,3%	40 30,1%	14 10,5%	8 6,0%
17	La presencia de alumnos inmigrantes en una clase provoca menor rendimiento académico para todos los alumnos.	1	49 36,0%	38 27,9%	32 23,5%	14 10,3%	3 2,2%

20	Te gustaría que tus hijos no tuvieran compañeros inmigrantes en su colegio.	1	91 67,4%	20 14,8%	21 15,6%	2 1,5%	1 0,7%
21	Te gustaría que tus hijos no tuvieran amigos inmigrantes.	1	93 68,9%	15 11,1%	22 16,3%	4 3,0%	1 0,7%
22	Apruebas los matrimonios mixtos en cuanto a la nacionalidad.	5	2 1,5%	7 5,1%	16 11,8%	27 19,9%	84 61,8%
23	La raza influye en el rendimiento académico de los alumnos.	1	80 59,3%	17 12,6%	31 34,1%	5 3,7%	2 1,5%

En cuanto al cuarto objetivo, comprobamos entre los resultados recogidos en la tabla anterior que los alumnos se consideran preparados para enseñar a inmigrantes (45,6% "algo de acuerdo"), a pesar de no haber recibido formación al respecto, un resultado que contradice nuestra hipótesis inicial. Sin embargo, un 50,3% opina que son pocas las asignaturas que contemplan la enseñanza a inmigrantes. Se confirma nuestra segunda hipótesis, puesto que los alumnos son conscientes de que tendrán muchos alumnos inmigrantes (52,9%) y consideran que la dificultad de enseñar a este tipo de alumnado es mayor (66,2%). Por eso, de acuerdo con nuestra tercera hipótesis, un 82,2% considera que es importante recibir formación específica para enseñar a inmigrantes. Disminuye el porcentaje (58,6%) de los alumnos que consideran necesitar formación específica para la enseñanza del español como lengua extranjera o como segunda lengua (para inmigrantes).

Queremos destacar también el porcentaje de los futuros maestros (63,3%) que prefiere dar clases a alumnos de origen español e inmigrantes durante el prácticum, antes de finalizar la carrera. Un 79,4% de los alumnos es consciente de que necesita conocer algunos aspectos de multiculturalidad para saber atender mejor a sus futuros alumnos inmigrantes.

Los resultados anteriores confirman la hipótesis 4, según la cual la influencia del factor edad junto con el nivel de formación, determinan un rechazo menor y una mayor empatía hacia los inmigrantes.

El análisis inferencial indicó una relación de dependencia entre el deseo de que haya menos inmigrantes y la opinión sobre los inmigrantes que predomina en el pueblo o la ciudad del alumno: $x^2(12)=20,732$, p<.0, test exacto de Fisher F=,025. El coeficiente V de Cramer indicó una dependencia de grado bajo (=,227).

En el análisis descriptivo se constató que las fuentes de información que participan en la formación de actitudes hacia los inmigrantes se sitúan por orden descendente de la siguiente manera: la familia y la televisión obtuvieron el mismo resultado (32,7%), seguidos por los amigos (29,2%), internet (4,4%) y prensa escrita (0,9%).

Nos parece oportuno mencionar el estudio de Níkleva y Rico-Martín (2017) que se centra en las actitudes y estereotipos culturales predominantes entre estudiantes del Grado de Educación Primaria hacia los inmigrantes en España y las fuentes de información que influyen en mayor medida. Se estudian las asociaciones que provocan las palabras *extranjero* e *inmigrante*, igual que la posición de las nacionalidades de los inmigrantes, según las actitudes positivas o negativas hacia ellas. Se explican las funciones de los estereotipos que forman parte de la competencia intercultural dentro del grupo de *identidad*.

Llama la atención que el mismo idioma o una cultura cercana influyen en la formación de actitudes positivas (en primer lugar, los latinoamericanos y en segundo, los italianos), mientras que los rumanos y los árabes ocupan las primeras dos posiciones de actitudes negativas y, además, son las nacionalidades con mayor presencia entre los inmigrantes, pero de lengua y cultura diferentes.

Entre las razones para la formación de estas actitudes hay que destacar los siguientes resultados. Para las actitudes positivas influyen en mayor medida la experiencia personal positiva, la cultura y las costumbres, la similitud con los españoles, el interés por el idioma, conocer el otro país, el carácter sociable, etc.

Las actitudes negativas se deben a: el comportamiento conflictivo o delictivo, la cultura y las costumbres (especialmente la discriminación de la mujer en las culturas árabes), la experiencia personal negativa, etc.

Suponiendo, según la hipótesis 7, que en las actitudes de los alumnos influye el hecho de haber tenido o no compañeros inmigrantes y si esta experiencia les ha gustado, hemos formulado preguntas al respecto y los resultados indican que un 64,0% han tenido "pocos/ algunos" compañeros inmigrantes, un 23,2%: "muchos" y un 12,5%: "ningunos". La experiencia les ha gustado "bastante" a un 52,5%, "mucho" a un 28,7%, "poco" a un 17,2% y "nada" a un 1,6%. Hay que tener en cuenta también que un 83, 2% ha estudiado en centros públicos y vive en pueblos o ciudades con "bastantes" inmigrantes (38,2%), "muchos" (31,6%) y "pocos" (28,7%). Solo un 1,5% contesta que no hay ningunos inmigrantes allí donde vive. La opinión que predomina en su lugar de residencia es "mala/regular" (62,5%), "buena" (23,5%) y un 12,5% contesta que no la conoce. Solo un 1,5% contesta que la opinión es "muy buena".

Las razones de valorar positiva o negativamente la experiencia de haber tenido compañeros inmigrantes sitúan en primer lugar el enriquecimiento cultural: 61,3%. Un 9,9% valora el buen trato. Solo un 1,8% considera que los inmigrantes retrasan el ritmo de la clase y empeoran el rendimiento.

La experiencia (positiva o negativa) de haber tenido compañeros inmigrantes influye en el deseo de dar clases a inmigrantes también (y no solo a alumnos españoles) durante el prácticum: $x^2(24)=38,499$, p<,05; test exacto de Fisher F=,013. La relación de dependencia es de grado medio-bajo (V de Cramer =,294).

El análisis inferencial indicó que no hay relación de dependencia entre la satisfacción de haber tenido compañeros inmigrantes y la opinión que predomina donde vive el alumno, tampoco está relacionada con el número de inmigrantes allí.

Para el objetivo 10 del estudio formulamos una pregunta abierta: *¿Qué línea de actuación tendrías como futuro maestro para integrar a los alumnos inmigrantes en tu grupo y para que no haya actitudes de racismo entre los alumnos?* Entre las respuestas destacaron los siguientes principios y medidas: igualdad sin discriminación, integración, interacción y respeto, cooperación y trabajo en grupo, aulas de apoyo y posterior integración, deportes, películas, etc. Muchos alumnos destacaron la importancia de conocer la cultura de los inmigrantes y resaltaron el efecto positivo que habían vivido al haber experimentado esta estrategia en su anterior etapa educativa. Veamos la opinión del sujeto 67 (la reproducimos literalmente, con los errores):

Si tuviera inmigrantes de varios países cada día de la semana dedicaría una hora a ese país para que una forma diferente ellos perdieran la vergüenza con sus compañeros y estos aprendieran mas. Propongo esto porque fue lo que empleaban mis maestros en mi colegio, en el que había muchos inmigrantes y a todos los niños, nos encantaba cuando era el día de algún país y nos pintaban las caras con banderas. Los inmigrantes y los españoles estábamos agusto y nunca hubo problemas de racismo. Como algunos de nuestros padres también fueron inmigrantes en Alemania y Suiza, una vez al mes hacíamos el día del emigrante y venían nuestros padres cada uno una vez al mes a contar una historia de ese periodo. Creo que este sería un buen método [*sic*].

Para comprobar la hipótesis 9 del estudio se formularon varias preguntas. Obviamente, el hecho de haber recibido una charla informativa influye en las respuestas sobre las ATAL. La P24 (*¿Te ha gustado la charla sobre aulas ATAL por parte de una maestra en ATAL?*) no ha sido contestada por 73 alumnos (hay que tener en cuenta que 68 no han tenido esta charla). El resto de 63 alumnos (de los 68 que han tenido la charla) han distribuido sus respuestas por orden descendente de esta manera: muy de acuerdo (52,4%), algo de acuerdo (33,3%), indiferente (11,1%) y algo en desacuerdo (3,2%). Ningún alumno ha contestado con "muy en desacuerdo" a esta pregunta.

El resultado que presenta mayor diferencia entre el grupo experimental y de control se produce precisamente en las preguntas relacionadas con las aulas ATAL.

En el cuestionario inicial (antes de la experiencia) se observó que el 100% de los alumnos desconocían las ATAL y lo que significa este concepto. En cuanto a la pregunta que se refería a las aulas ATAL (*¿Conoces las aulas ATAL?*) (respuestas *sí* o *no*), (fig. 1), el 99,23% respondieron que no las conocen frente a solo un alumno (0,77%) que respondió que sí, a pesar de que en la respuesta de otra pregunta posterior se confirmó que tampoco sabe qué significa, puesto que considera que se trata de aulas temporales de asesoramiento legal para alumnos inmigrantes.

Posteriormente, en el segundo cuestionario los resultados cambiaron. A continuación comparamos los resultados en los dos grupos: experimental y de control.

En la tabla 11 presentamos todos los datos anteriores de las dos preguntas sobre las ATAL juntos para facilitar su comparación (en el grupo de control y en el grupo experimental).

Tabla 11. Respuestas de las preguntas P1 y P2, en el grupo de control (cuestionario inicial) y grupo experimental (cuestionario final)

GRUPOS	¿Conoces las ATAL?		PREGUNTAS				
			Las ATAL son:				
	sí	no	apoyo e-learning para inmigrantes	apoyo informático	adaptación lingüística para inmigrantes	asesoramiento legal para inmigrantes	otro
grupo control (cuestionario 1)	0,77%	99,23%	17,92%	-	8,49%	56,60%	16,98%
grupo experimental (cuestionario 2)	73,5%	26,5%	14,29%	-	61,90%	22,22%	1,59%

En nuestro estudio ha sido importante que los futuros docentes conozcan los dos enfoques que se aplican en la atención al alumnado inmigrante: enfoque inclusivo (en el aula ordinaria; recomendado por la normativa legal vigente) y segregacionista (fuera del aula ordinaria temporalmente hasta la adquisición de la suficiente competencia en comunicación lingüística en la lengua vehicular). Según la normativa establecida por la Orden de la Consejería de Educación de la Junta de Andalucía de 15 de enero de 2007:

> Estos programas deberán realizarse en el aula ordinaria. Se podrán organizar grupos de apoyo atendidos por profesorado específico para llevar a cabo la atención fuera del aula ordinaria cuando circunstancias especiales en la comprensión-expresión de la lengua española así lo aconsejen.

Sin embargo, en la práctica, en la mayoría de los casos parecen darse estas «circunstancias especiales», por lo que el apoyo se presta fuera del aula ordinaria (conocido como *enfoque segregacionista* frente al *enfoque inclusivo* –en el aula ordinaria–). En algunas comunidades, como la de Madrid, el modelo de atención fuera del aula ordinaria se ha adoptado de forma institucional.

Existen muchos estudios que han contrastado los dos enfoques y llegan a la conclusión de que el enfoque inclusivo proporciona múltiples ventajas, además, de un mejor rendimiento académico para todo el alumnado, no solo para el extranjero, y además beneficia al alumnado autóctono en el aprendizaje de contenidos curriculares de todas las áreas (Barrios Espinosa y Morales Orozco, 2012). Una de las ventajas que se señala en este estudio es que la mayor eficiencia demostrada de la modalidad inclusiva que beneficia también al alumnado autóctono hispanohablante tendría una consecuencia positiva al modificar "las percepciones de padres y de profesorado sobre la repercusión académica negativa de la presencia de alumnado no hispanohablante en las aulas" (Barrios Espinosa y Morales Orozco, 2012, p. 219).

En nuestro estudio hemos querido conocer las preferencias de los fututos maestros respecto a estos dos enfoques. En el grupo experimental predomina la elección del enfoque segregacionista (69,7%) frente al inclusivo (30,3%). Por lo visto, la información que han recibido sobre las ATAL influye en este resultado, es decir, es el enfoque que predomina en la práctica, a pesar de que contradice la normativa. Pero los alumnos han obtenido la información de un maestro en ATAL y por eso optan por este enfoque. En el grupo de control la diferencia entre los dos enfoques es menor: un 51,9% opta por el enfoque segregacionista, mientras que un 48,1% elige el inclusivo.

El estudio confirma la necesidad de una formación específica para atender a alumnos inmigrantes. Los alumnos del Grado de Primaria reconocen esta necesidad, porque son conscientes del carácter multicultural de la sociedad. Además, consideran que la dificultad de enseñar a alumnos inmigrantes es mayor y por ello necesitan más asignaturas que contemplen esta formación.

La elaboración de materiales por los alumnos les ha permitido vivir la experiencia de ser maestros antes de serlo y les sirve para el diseño de unidades didácticas posteriores, además de su uso durante el prácticum y en su futura profesión. De esta manera, hemos conseguido acentuar el papel activo del alumno en el proceso de aprendizaje y aumentar su motivación, otorgándole el papel de maestro durante la etapa de su formación y confirmando que la mejora en la motivación inevitablemente conlleva un aumento en el rendimiento académico.

Nuestro estudio confirma también que a la edad y al nivel de formación de los encuestados corresponden una mayor empatía, menor rechazo y menor xenofobia. Sin embargo, también se confirman las actitudes y estereotipos culturales que existen en la sociedad y que se divulgan por los medios de comunicación sobre las nacionalidades extranjeras con mayor presencia en España. Consideramos que el contacto con inmigrantes, el conocimiento de sus culturas y la experiencia personal positiva resultan fundamentales para mejorar las actitudes hacia ellos y reducir la xenofobia. Partiendo de la idea de que los estereotipos se consolidan por la falta de contacto intergrupal, resulta importante que utilicemos el espacio educativo para conocer al *Otro*, desarrollar la competencia afectiva y contrarrestar la influencia de los medios de comunicación.

Finalmente, con este estudio hemos obtenido un diagnóstico de la situación actual respecto a las actitudes de los futuros docentes hacia los inmigrantes y esto nos ayudará a diseñar posteriormente medidas de intervención pedagógica destinadas a mejorar la aceptación de los principios de la educación inclusiva entre los futuros docentes.

9. EL PAPEL DEL PROFESOR DE ESPAÑOL COMO LENGUA EXTRANJERA O SEGUNDA Y LAS NECESIDADES EN SU FORMACIÓN

En este apartado se pretende esbozar el papel o las funciones del profesor de español como lengua extranjera o segunda y las necesidades en su formación (Níkleva y Rico-Martín, 2018). Se repasan también los modelos y los paradigmas en la formación del profesorado. Por tanto, una parte imprescindible en este estudio es la de detectar y formular las necesidades actuales en la formación de los profesores de acuerdo con un estudio empírico. Para ello, el estudio se basa en el análisis de datos proporcionados en cuestionarios rellenados por 151 profesores de español y por 318 estudiantes universitarios, futuros docentes. Se aplica el método cuantitativo, realizado con el programa estadístico R.

9.1. El papel y las funciones del profesor de ELE y EL2

Inicialmente, la lengua era el objeto de la enseñanza de un idioma extranjero, sobre todo los contenidos gramaticales. Posteriormente, cobró importancia la competencia comunicativa y el centro del proceso se desplazó hacia el alumno como protagonista del aprendizaje. Todo esto implica cambios también en el papel y las funciones del profesor, es decir, a la hora de determinar los papeles del profesor hay que tener en cuenta los papeles del alumno en la clase de idiomas que de receptor pasivo se ha transformado en protagonista, en agente activo y autónomo de su propio aprendizaje.

Podríamos afirmar que en el perfil del profesor de ELE y EL2 destaca el papel de: guiar el proceso de aprendizaje centrado en el alumno, en función de sus necesidades y características individuales;

seleccionar y adaptar materiales; proporcionar los recursos necesarios para la autonomía del alumno (aprender a aprender); motivar; crear un ambiente afectivo; ser mediador intercultural y educador en valores interculturales; destruir los estereotipos y las actitudes negativas hacia el Otro o la alteridad; fomentar la integración lingüística y social; evaluar todo el proceso de enseñanza-aprendizaje que incluye autoevaluar su propia práctica docente; adaptarse a la institución y a la cultura del centro académico; integrarse en el equipo profesional; formarse continuamente; investigar, etc.

El profesor, todavía más el maestro en Educación Primaria, puede tener un papel decisivo para el futuro de los alumnos. Un profesor que enseña la materia con competencia, vocación e ilusión puede ganar a los alumnos para esta materia o ahuyentarlos si es aburrido, autoritario o se le nota que enseña sin disfrutar de su trabajo. Todo esto puede influir en la decisión de los alumnos sobre su futura profesión. Decidir si uno quiere estudiar filología o ingeniería, en muchas ocasiones, se puede deber a un profesor que lo ganó en clase con su manera de enseñar y su actitud hacia la materia.

Por otra parte, el trabajo del profesor puede afectar de manera importante al futuro de un alumno con las evaluaciones que le hace. Es muy necesario entender esta enorme responsabilidad y llevarla con la máxima profesionalidad posible.

En la tabla 12 presentamos un resumen contrastivo entre las funciones tradicionales y las actuales del profesor (Collado Hurtado, 2009; Juan Rubio y García Conesa, 2013, entre otros), de acuerdo con la bibliografía consultada y con modificaciones propias.

Tabla 12. Funciones tradicionales y actuales del profesor.

Funciones tradicionales	Funciones actuales
La única fuente del *input* indiscutible	Es la primera fuente del *input* comprensible.
Presenta, como modelo, las estructuras lingüísticas	Es uno de los modelos de estructuras lingüísticas
Es prácticamente el que más habla en clase	Organiza y dirige la práctica de las estructuras
No favorece la interacción en clase	Fomenta la interacción en clase
Corrige los errores	Corrige errores, basándose en su utilidad
Trata a todos los alumnos igual (no hace un análisis de necesidades)	Realiza un análisis de necesidades y de la diversidad en el aula
No enseña estrategias de aprendizaje a los alumnos	Enseña estrategias de aprendizaje
Dirige el aprendizaje	Dirige el proceso
Evalúa numéricamente	Valora cualitativamente
Usa básicamente el manual	Selecciona y crea el material para llevarlo a clase
Inspira autoridad pero no confianza	Inspira autoridad y confianza Crea un clima positivo, de bajo nivel de ansiedad
Proporciona modelos de interacción	Participa activamente en la interacción
Proporciona una retroalimentación correctiva	Asesor: aconseja para mejorar el éxito
	Desarrolla la competencia comunicativa
	Favorece la autonomía del alumno
	Formador que capacita para el empleo
	Investigador (desde la investigación-acción)

Tanto el modelo tradicional como el actual incluyen la faceta de organizar y controlar la clase: el profesor controla lo que los alumnos hacen, cuándo hablan y qué idioma usan; da instrucciones, elige los procedimientos más adecuados a la situación, etc. El profesor es una fuente de recursos mediante la ayuda que proporciona con sus conocimientos. Una de sus funciones es la de promotor (anima a los alumnos a participar) y de partícipe (cuando participa en una actividad; por ejemplo, en las simulaciones o juegos de rol).

En la comparación que hemos realizado en la tabla 12 es muy importante destacar la faceta de investigador que pretende superar la formación técnica y conducir a la formación profesional del docente reflexivo y crítico (Mendoza, 1998), capaz de diseñar su propia intervención educativa, según el contexto.

A todo esto añadiríamos también, sin que sea exclusivo para el perfil actual del profesor, las siguientes funciones (Verdía, 2010):

- Planificar clases y fijar objetivos
- El arte de planificar o planificar con arte implica, entre otras cosas, planificar con cariño y con sentido del humor (Orta, 2015).
- Organizar el trabajo de los alumnos
- Gestionar la progresión del aprendizaje
- Adaptarse a las necesidades, intereses, estilos y características individuales de los alumnos
- Implicar y motivar a los alumnos
- Seleccionar y adaptar materiales
- Evaluar el proceso de enseñanza-aprendizaje
- Adaptarse a la institución, al equipo de trabajo y a la cultura del centro en el que trabaja
- Intercambiar experiencias con otros profesionales y participar en la comunidad profesional

- Colaborar con el equipo profesional en el que se integra
- Autoevaluar su propia actuación y reflexionar sobre su proceso formativo

No hemos de olvidar que el profesor debe poseer también flexibilidad, adaptación, sensibilidad, capacidad para dar respuestas a los problemas en el aula (profesionales y emocionales), empatía, capacidad de observar lo que está ocurriendo en el aula, no ser dominante, ni directivo, ni autoritario, no intentar influir directamente en la vida de los estudiantes, intervenir para que el alumno participe y aprenda, con una actitud positiva, abierto al cambio y a la innovación, implicado en su trabajo, con una fuerte y profunda motivación (Martín Sánchez, 2007).

Una función actual del docente por destacar sería la de formador-indagador en acciones sociolaborales con las que fomenta el «emprendizaje» (Domínguez Garrido y Medina, 2009, p. 534): la capacitación para el reto del empleo, con una actitud de colaboración en el fomento de empresa y en las formas de aprender a aprender.

Es de suma importancia destacar el papel de educador y de transmisor de valores de cualquier docente, porque aparte de la materia específica que enseña, siempre será una figura de referencia para los alumnos (si se ha ganado su respeto) y por ello debería decidir qué valores sociales quiere fomentar y reforzar y, al contrario, qué valores quiere intentar cambiar o, incluso, combatir.

La consideración social de la profesión docente ha variado mucho. En la primera mitad del siglo XX era considerada como uno de los ejes fundamentales para el progreso. Se entendía como una profesión que exigía "abnegación, dedicación a los demás y sabiduría". Sin embargo, en la sociedad actual, mucho más materialista, estos valores han dejado de estar de moda, "se tiende a juzgar a una persona por el nivel de sus ingresos o por las posesiones que *tiene*, no por lo que ella *es*". En la sociedad actual los tres pilares básicos de la consideración social son el dinero, el poder y la fama, "incluso cuando se han construido sobre la base de procedimientos ilícitos". Por tanto, la profesión docente ha perdido considerablemente el prestigio social que tenía, puesto que no facilita obtener dinero, poder o fama (Esteve, 2009, p. 26).

Muchos de los trabajos de investigación sobre las creencias de los profesores incluyen sus experiencias previas como estudiantes de lenguas y su opinión sobre qué métodos o enfoques funcionan mejor (Pizarro, 2013). Igualmente, se tienen en cuenta los estilos de aprendizaje de los alumnos que consisten en comportamientos cognitivos y psicológicos que determinan la manera de cómo conciben la enseñanza y el aprendizaje y sus preferencias por determinadas tareas y recursos, por ejemplo, el enfoque por tareas y por proyectos, además de la simulación (juegos o gamificación), que siguen funcionando con fuerza en la motivación de los aprendientes.

Hemos de destacar también la formación continua de los profesores que actualmente no puede obviar la creciente digitalización de la enseñanza con el uso de plataformas digitales para la enseñanza-aprendizaje. La formación continua debe contemplar necesariamente el uso de nuevas tecnologías para estar al día, acercarse a los intereses de los alumnos y motivarlos más para el aprendizaje. Por otra parte, esto permite también al profesor salir de la rutina. En palabras de Esteve (2009, p. 25), "repetir como un salmo la misma lección, con el mismo método y los mismos contenidos, en primero A, primero B y primero C, en el mismo día, después de veinte años de enseñanza, es el camino más corto para morir de aburrimiento". Para el profesor es importante evitar la monotonía y la desilusión. El uso y la expansión de las tecnologías invaden todos los ámbitos de nuestra sociedad y resulta imprescindible conocerlas y utilizarlas para poder vivir y trabajar acorde a nuestro tiempo. Por supuesto, el ámbito educativo no solo que no queda al margen de estos requisitos, sino que en él se ha generado la preocupación de que los ordenadores sustituyan a los profesores. Para algunos profesionales esta preocupación no parece fundamentada (Alonso, 2015, p. 33):

> El profesor sigue siendo fundamental en el aprendizaje de las lenguas y por una razón esencial: todavía no hay máquina que sepa reconocer las necesidades individuales de los alumnos, mostrar empatía con su proceso de aprendizaje y darles un *feedback* personalizado y constructivo para ayudar-

les a desarrollar sus capacidades para un aprendizaje óptimo. Y todo esto sin tener en cuenta la inestimable aportación del trabajo colaborativo en el aula, del gran papel que representan los compañeros para poder aprender mejor y otras muchas cuestiones.

En la misma línea se posiciona Níkleva (2014, p. 11) con la siguiente reflexión:

–¿El ordenador va a sustituir al profesor en un futuro?
–Si un profesor puede ser sustituido por un ordenador, que lo cambien.

Afirma, además, que muchos docentes no se sienten preparados para el uso de las tecnologías; el mundo de la informática es para ellos solo un campo de miedo y frustraciones que llegan a convertirse en tecnofobia. Pero hay que afrontar ese miedo para superarlo. Si lo consiguen, esto les proporcionará una satisfacción mayor, mejorará notablemente su grado de profesionalidad, lo agradecerán sus alumnos y lo demostrarán con una nueva motivación y resultados mejorados.

Para finalizar este apartado, hemos de recordar que el papel y las funciones del profesor están muy relacionados con sus competencias que se tratan en otro capítulo de este libro, por lo que no se incluyen aquí. Recomendamos el documento del Instituto Cervantes (2012), titulado "Las competencias clave del profesorado de lenguas segundas y extranjeras".

9.2. La formación de formadores y de profesorado: enfoques, modelos o paradigmas

La formación del profesorado comprende un proceso sistemático, organizado y continuo de adquisición de competencias, conocimientos y valores necesarios para la labor docente que incida en la calidad de la formación de los aprendientes.

Para precisar los términos *enfoque, modelo* o *paradigma*, que con frecuencia se usan como sinónimos, hemos de aclarar la similitud y las diferencias de matices entre estos conceptos.

El enfoque, en el ámbito de idiomas extranjeros, se refiere a:

> una concepción sobre la naturaleza de la lengua y su proceso de aprendizaje que subyace explícita o implícitamente a toda práctica didáctica [...]. Los enfoques se basan en unos principios teóricos derivados de unas determinadas teorías sobre la lengua y su aprendizaje [...]. J. C. Richards y T. S. Rodgers (1998) conciben el enfoque como uno de los tres ejes en torno a los cuales se articulan los distintos métodos. Los otros dos son el diseño y los procedimientos. (Instituto Cervantes, 1997-2023)

Los modelos didácticos o de enseñanza son esquemas de la diversidad de acciones, técnicas, estrategias y recursos empleados por los profesores.

Un paradigma se concibe como una matriz interdisciplinaria que incluye las teorías y los conocimientos aceptados por una comunidad científica. Entre los principales paradigmas cabe mencionar el de presagio-producto, proceso-producto, socio-político o crítico, intercultural, de la complejidad emergente, etc. El paradigma es más abstracto, mientras que el modelo didáctico lo conecta con la realidad.

Un paso previo para la formación del profesorado sería diagnosticar las necesidades tanto de los aprendientes como de los profesores para diseñar planes de formación del profesorado, de formadores y educadores. En la etapa laboral de los profesores será muy importante la formación continua, por ejemplo, la que se ofrece en los CEP (Centros de Profesorado) y otros cursos de formación.

Es importante considerar en todo momento que cada nivel educativo y formativo tiene objetivos propios como resultado de un contexto psicopedagógico diferente que no es estático, sino dinámico y en evolución.

La formación inicial se imparte en los grados universitarios que se complementan con los estudios de posgrado y puede llegar más tarde a la investigación como una reflexión e indagación sobre la práctica docente con el fin último de mejorarla.

Para aclarar mejor estos conceptos, consideramos necesario repasar los enfoques en la formación del profesorado desde el punto de vista de la didáctica general (Domínguez Garrido y Medina, 2009):

1) El paradigma proceso-producto

2) Modelo de formación basado en el pensamiento del profesorado

3) Modelo de actuación en el centro educativo: la práctica colaborativa

4) La formación ante los retos de la interculturalidad

9.2.1. El paradigma proceso-producto

El paradigma proceso-producto marcó el positivismo en la investigación sobre la educación y construyó una base científica para la enseñanza o la didáctica. Concibe la enseñanza como un conjunto de conductas prototípicas de los profesores, es decir, tiene en cuenta el estilo singular de cada docente. Se considera que las acciones específicas del profesor provocan determinadas respuestas por parte de los alumnos. En otros términos, se entiende por *proceso* lo que hace el profesor y por *producto* del aprendizaje lo que les sucede a los alumnos.

Este paradigma somete la enseñanza a la experimentación.

Las ventajas y los inconvenientes señalados para este paradigma apuntan a (Bolívar, 2004):

1. Ventajas del paradigma proceso-producto:

- la actuación del profesor *marca una diferencia* en los resultados de los alumnos

- investigación centrada en el aula

- posibilidad de extraer implicaciones directas y rentables para tomar medidas políticas y de formación del profesorado, etc.

2. Inconvenientes o puntos débiles:

· falta de apoyo teórico

· dependencia de una epistemología positivista y psicología conductista, etcétera

9.2.2. Modelo de formación basado en el pensamiento del profesorado

Se basa en la relación entre el pensamiento (la reflexión) del profesor y las decisiones sobre su actuación en el aula. Implica la capacidad de diferenciar críticamente y seleccionar entre distintas alternativas.

Este modelo requiere conocer las opiniones y las emociones de los profesores/formadores/educadores y de los estudiantes.

Constituye una modalidad de la investigación-acción, tan necesaria para la mejora del conocimiento profesional.

9.2.3. Modelo de actuación en el centro educativo: la práctica colaborativa

Este modelo propugna la formación de profesorado en el centro de trabajo en un marco de colaboración. Los elementos que lo definen son (Domínguez Garrido y Medina, 2009):

· cultura institucional colaborativa

· actividad reflexivo-indagadora en equipo

· elaboración de diseños y planes de actuación en común

· generación de conocimiento práctico entre todos los participantes: colegas y alumnos

En este modelo colaborativo se requiere la implicación de toda la comunidad educativa.

9.3. La formación ante los retos de la interculturalidad

Este modelo formativo requiere una sensibilidad y sistema de valores apropiados para el contexto multicultural de la sociedad y la diversidad que conlleva. Para el tema de este estudio, relacionado con la enseñanza del español como segunda lengua, o sea, a inmigrantes, resulta no solo necesario, sino obligatorio o imprescindible.

Otros autores establecen tres paradigmas de formación (Esteve y Alsina, 2010): aprendizaje deductivo (como conversión del conocimiento teórico a la práctica); aprendizaje en la práctica (a través de la experiencia y el error); y aprendizaje realista (como conexión entre las experiencias de los (futuros) profesores en la práctica y el conocimiento teórico). Actualmente, se apuesta por el tercer paradigma al parecer el más apropiado para el desarrollo significativo de las competencias profesionales de los profesores.

En esta formación realista se integran las experiencias personales, los conocimientos teóricos, las propias concepciones sobre la enseñanza y el aprendizaje basadas en la experiencia previa como alumno y aprendiz, y enriquecidas por la reflexión. El punto de partida en este paradigma es la práctica, seguida por la reflexión.

Se imparten los contenidos teóricos que resultan necesarios de la práctica: de la práctica a la teoría. Además, es recomendable que las prácticas formativas generen la reflexión autónoma. Para ello, será necesario facilitar a los profesores *instrumentos para autoobservarse y coobservarse, no en términos de evaluación, sino en términos de desarrollo profesional* (Esteve, 2004, p. 19). Asimismo, se aconseja iniciar al docente en el uso de instrumentos de reflexión y de prácticas investigadoras en el aula y fomentar procesos grupales de autoformación mediante el trabajo en grupo (en colaboración).

Finalmente, hemos de destacar que para elegir o diseñar el modelo de formación de profesorado hay que definir en primer lugar la identidad profesional.

9.4. Diseño de programas para la formación de formadores y profesorado

Desde el ámbito de la didáctica general se recomiendan dos modelos o perspectivas que subyacen a los programas de formación de formadores y profesores: el narrativo-colaborativo y de desarrollo de competencias (Domínguez Garrido y Medina, 2009).

9.4.1. Modelo narrativo-colaborativo

Este modelo se refiere a la colaboración en las narrativas: biografías y prácticas reflexivas; el segundo, al desarrollo de competencias docentes profesionales. A pesar de que el primero no es muy conocido en el ámbito de idiomas extranjeros, hemos optado en este capítulo por fomentar un enfoque interdisciplinar que pretende transferir conocimientos entre diversos ámbitos científicos (en este caso, entre la didáctica general, los métodos de investigación y diagnóstico en educación, y la enseñanza de lenguas extranjeras y segundas). La narrativa en este caso consiste en la elaboración de narrativas docentes del propio profesorado que recogen las reflexiones más significativas de la práctica docente. Se trata de un relato docente, un diálogo con uno mismo, pero compartir el relato contribuye a la colaboración y a la formación.

Para ilustrar este método con su aplicación en el ámbito de idiomas extranjeros, podemos señalar el portafolio como una estrategia de indagación narrativa, o incluso biográfico-narrativa, que refleja nuestra identidad profesional y experiencias vividas (afectivas, emocionales, etc.). En este sentido, la narrativa es una forma de organizar la experiencia de forma estructurada. Se pueden elaborar narrativas digitales, visuales, audiovisuales, etc., según los objetivos (Correa Gorospe, Aberasturi Apraiz y Gutiérrez Cuenca, 2009).

A continuación (tabla 13) presentamos un esquema de línea formativa con los principales componentes de la mejora profesional para que cada docente construya la suya propia desde su estilo personal (Domínguez Garrido y Medina, 2009, p. 524).

Tabla 13. Esquema de una línea formativa en el ámbito de la didáctica general.

	Narrativa de experiencias y vivencias relevantes	Reflexión indagadora	Proceso de colaboración	Auto y coobservación
Pensamientos	Identificar los pensamientos, en su génesis y desarrollo de experiencias anteriores.	Indagar acerca de la pertinencia y relevancia de estos pensamientos.	Descubrir cómo se construyen los pensamientos y cómo compartir las tareas y los proyectos.	Autoobservarse para emerger los pensamientos formativos y coobservarse para compartir las ideas y conceptos formativos.
Emociones	Reconocer las emociones sentidas y vividas en los procesos formativos. Emerger los sentimientos desarrollados en los procesos formativos.	Indagar las modalidades de emociones y sentimientos expresados en las acciones formativas.	Analizar las emociones y sentimientos destacados en las instituciones vividos por cada formador.	Autoobservar las emociones y estimarlas desde la observación en equipo.

Competencias	Descubrir en las experiencias vividas el dominio alcanzado en las competencias.	Indagar en la selección y formación de las competencias formativas más valiosas.	Descubrir qué competencias son esenciales para la organización y la mejora de los procesos de enseñanza-aprendizaje.	Desarrollo del pensamiento. Autoanalizar la práctica identificando el nivel de dominio de las competencias y observar en equipo el desarrollo de las mismas.
Principios de la práctica	Experimentar los principios más representativos vividos en cada realidad personal, institucional, comunitaria, etc.	Profundizar en las prácticas, tanto en los momentos preactivos como interactivos y posactivos, convirtiendo la práctica en la base para un nuevo conocimiento.	Las tareas han de realizarse y los proyectos de las instituciones han de ser analizados a partir de las prácticas realizadas en colaboración.	Observar los principios que orientan la práctica personal y coobservar la toma de decisiones en equipo en coherencia con los fundamentos educativos.

Este esquema sintetiza los objetivos y las dimensiones de la formación de profesorado. La coobservación es importante para evitar los riesgos de la subjetividad de la autoobservación. Además, conviene destacar, siguiendo a Domínguez Garrido y Medina (2009, pp.

525-526), que "la reflexión si se completa con la colaboración en equipo, nos permite ampliar los puntos de vista, asumir la complejidad y entender mejor los procesos de incertidumbre, que caracterizan las prácticas de calidad".

Hemos de mencionar también la importancia de la identidad profesional que está vinculada al autoconcepto y desarrollo profesional marcado por un movimiento continuo entre el saber y el ser. Se consigue a través de la realización personal, pero incluye también el modo de conocerse y de aceptarse. Implica también el modo de relacionarse con los demás.

Es importante tener en cuenta los distintos estilos de enseñanza (modos de interactuar con el alumno) en la formación inicial de los profesores de lengua extranjera. Si existe un conflicto entre el estudiante (sus preferencias de estilo y de estrategias) y la metodología se pueden originar problemas que provoquen un rendimiento deficiente, desconfianza y ansiedad. Finalmente, puede provocar un completo rechazo del aprendizaje, del profesor o de la materia. Los resultados obtenidos en algunos estudios (González-Peiteado y Rodríguez-López, 2014) indican que entre seis tipos de estilos (académico, reflexivo, cooperador, individualizador, innovador, indagador) las mujeres prefieren los estilos reflexivo e individualizador; los estudiantes de Magisterio (en comparación con los del Máster de Profesorado de Educación Secundaria Obligatoria y de Bachillerato, Formación Profesional y Enseñanzas de Idiomas) se inclinan por los estilos cooperador, individualizador e indagador; además, apuestan por los estilos productivos frente a los reproductivos. En función de la edad, las más bajas prefieren el estilo innovador e indagador y las más altas, el estilo de enseñanza reflexivo. A partir de los 25 años aumenta la predisposición hacia el estilo académico.

Tal como apuntábamos antes, "en el exalumno que es cada docente están presentes las claves germinales de la práctica educativa y los estilos de enseñanza. [...] la formación del profesorado puede tener una función reproductora a correctora de ese primer patrón inicial sobre la praxis educativa..." (González-Peiteado y Rodríguez-López, 2014, p. 71).

Finalmente, recordemos que la complementariedad de estilos de enseñanza debe ajustarse a los estilos de aprendizaje de los estudiantes.

9.4.2. Tareas básicas en los programas de formación

Con cualquier modelo de programas de formación hay que centrarse en cuatro tareas básicas (Esteve, 2009):

a) Perfilar la propia identidad profesional

Se trata de saber qué papeles profesionales va a asumir el profesor; cuáles son los objetivos realistas para su trabajo diario en un aula concreta y con unos alumnos concretos; elaborar un estilo propio, adecuado a la personalidad del profesor y a sus propias ideas sobre la enseñanza.

b) Entender la clase como un sistema de interacción y de comunicación

El profesor no es un conferenciante que solo espera respeto y silencio. El profesor interactúa y se comunica con los alumnos. Por tanto, debe dominar los códigos de comunicación y saber qué ambientes de clase generan actividad, reflexión, tensión o silencio. Para ello debe interpretar correctamente las reacciones de los alumnos y la interacción, en general. La relación profesor-alumnos es una relación interpersonal con toda la complejidad que conlleva.

c) Organizar la clase con un orden y disciplina

El profesor debe saber organizar la clase como un grupo social para que trabaje de forma eficaz. Para ello debe organizar el trabajo: los grupos, los objetivos, las tareas, los materiales y la evaluación. El orden y la disciplina son parte importante del éxito o el fracaso profesional del profesor.

d) Adaptar los contenidos de enseñanza al nivel de conocimientos de los alumnos

Un comentario frecuente, lamentablemente, de los alumnos es que el profesor sabe mucho, pero no sabe enseñar o explicar. Para resolver este problema sería necesario dominar más aspectos de la profesión, pero uno de ellos es el de adaptar los contenidos de enseñanza al nivel de conocimientos de los alumnos. El profesor debe ponerse o acercarse al nivel de los alumnos, no al revés. Construir un aprendizaje significativo consiste en adaptar los contenidos al nivel y necesidades de los alumnos, relacionándolos con los conocimientos previos; conseguir que ellos valoren los nuevos conocimientos y sepan qué aplicación tienen en su vida diaria. Si no se consigue esto, los alumnos no encajan el nuevo conocimiento en el lugar correcto y se aburren, por lo que se distraen con actividades que no forman parte del orden mínimo establecido para la gestión de la clase.

10. LAS NECESIDADES EN LA FORMACIÓN DEL PROFESORADO

Para que el profesor de español pueda desempeñar sus funciones y su labor, en general, de manera competente, eficaz y profesional tiene que poseer una buena formación que reúna dos grandes facetas obligatoriamente: la lingüística y la didáctica o pedagógica. Dentro de la formación lingüística es necesario obtener una formación específica sobre la enseñanza de lenguas extranjeras y segundas. Lamentablemente, muchas titulaciones universitarias carecen de esta formación y sus graduados finalizan la carrera sin conocer las diferencias entre la enseñanza del español para nativos, por una parte, y para extranjeros o inmigrantes, por otra. Los filólogos se gradúan con una buena competencia lingüística, pero carecen de la didáctica que posteriormente tienen que remediar con los estudios de posgrado (por ejemplo, el Máster de Profesorado de Educación Secundaria Obligatoria y Bachillerato, Formación profesional y Enseñanzas de Idiomas), mientras que los maestros finalizan la carrera con una buena formación pedagógica y didáctica, pero con carencias considerables en la formación lingüística específica para enseñar el español a inmigrantes.

10.1. En las titulaciones universitarias

Existen estudios previos sobre la presencia o la ausencia de formación en ELE en los planes de estudio como el de Cruz Piñol (2004) y el de Pastor Cesteros (2007), que abarca tanto los estudios de grado como de posgrado. Estos dos estudios señalan que desde principios de los años noventa aumentan las facultades que ofrecen en sus planes de estudio alguna asignatura (normalmente optativa) relacionada con el español como lengua extranjera. Se trata de las siguientes universidades: las de Barcelona, Oviedo, Autónoma de

Madrid, Zaragoza, Salamanca, UNED, Valencia, Pablo de Olavide y Málaga (Cruz Piñol, 2004). Pastor Cesteros (2007) añade otras universidades como:

- La Universidad de Santiago de Compostela
- La Universidad de Vigo
- La Universidad de La Coruña
- La Universidad de León
- La Universidad Autónoma de Barcelona
- La Universidad de Alicante, que dispone de la «Mención de Español como Lengua Extranjera», dentro de la titulación de Filología Hispánica, con al menos seis asignaturas sobre la enseñanza del español para extranjeros.

El estudio más actual sobre la formación universitaria para enseñar español a inmigrantes que analiza los planes de estudio es el de Rico-Martín y Níkleva (2017), según la búsqueda bibliográfica realizada. Abarca la Comunidad Autónoma de Andalucía y, por tanto, ocho universidades andaluzas (las de Almería, Cádiz, Córdoba, Granada, Huelva, Jaén, Málaga y Sevilla). En todas estas universidades se imparte alguna materia relacionada con la atención a la diversidad, pero son escasos los contenidos dedicados a la enseñanza del EL2 para inmigrantes, algo que se puede deducir por la vinculación de estas materias con los distintos departamentos. En Granada estas asignaturas básicas se adscriben a dos departamentos –los de Didáctica y Organización Escolar, y Psicología Evolutiva y de la Educación–, mientras que en Sevilla se imparten por los departamentos de Didáctica y Organización Educativa, Métodos de Investigación y Diagnóstico en Educación.

Las asignaturas de carácter didáctico-disciplinar pertenecen a los departamentos de Didáctica de la Lengua y la Literatura en Cádiz y a Filología Española en Jaén.

Respecto a las asignaturas optativas, en Cádiz se adscriben al departamento de Didáctica de la Lengua y la Literatura, igual que en Granada, pero la optativa de la Facultad de Melilla pertenece al Departamento de Psicología Evolutiva y de la Educación. En Córdoba las asignaturas están adscritas a tres departamentos (Matemáticas, Filología Inglesa y Alemana, y Psicología Evolutiva y de la Educación). Las optativas de la Facultad de Huelva, así como todas las de Málaga y Sevilla, pertenecen a Didáctica y Organización Escolar/Educativa. Por último, en Jaén pertenecen a los Departamentos de Filología Inglesa y de Lenguas y culturas mediterráneas.

Este estudio confirma la falta o la insuficiencia de formación específica para enseñar la lengua y la cultura española a alumnos inmigrantes. Además, la escasa formación que reciben los estudiantes universitarios sobre la diversidad en la escuela se hace mayoritariamente desde asignaturas optativas y este hecho significa que no todos los estudiantes las van a cursar y, por tanto, no se garantiza que todos los graduados tengan unos conocimientos mínimos sobre la atención educativa que requiere esta diversidad y todavía menos sobre el apoyo lingüístico que tendrán que prestar a los alumnos inmigrantes. En este estudio, el 36,1% de los estudiantes no es capaz de decidir si está preparado para enseñar el español a alumnos no nativos. En este sentido, el dato se asemeja a los resultados en la investigación de Níkleva y Ortega-Martín (2015): un 29,5% de opinión indecisa frente a un 44,2% que sí se siente preparado. De todas formas, la opinión de los estudiantes suele ser muy optimista y revela una autoestima alta en comparación con otras preguntas o estudios donde se mide y valora su preparación real.

Respecto a los planes de estudio y la percepción de los propios estudiantes, la investigación del proyecto I+D, en el que se enmarca este estudio, concluye que los futuros docentes acaban sus estudios de grado sin ninguna formación específica sobre la enseñanza de la lengua y la cultura españolas a inmigrantes. La formación recibida, insuficiente y relacionada con la diversidad cultural, es fundamentalmente de tipo optativo y de carácter muy general, puesto que trabajan la diversidad junto a otras necesidades educativas especiales en el ámbito de la denominada educación inclusiva, pero sin contenidos lingüísticos específicos.

10.2. Resultados de investigaciones empíricas

En este apartado destacamos algunos de los resultados obtenidos en el marco de nuestro proyecto I+D (referencia: EDU2013-43868-P), titulado *La formación de los docentes de español para inmigrantes en diferentes contextos educativos.*

Los sujetos participantes en la investigación son 318 estudiantes universitarios, fundamentalmente del Grado de Educación Primaria y de Filología española, de distintas universidades: Granada, Almería, Jaén, la Complutense de Madrid y Nebrija. Participan también 151 profesores de todos los contextos educativos: Universidad, Educación Primaria y Secundaria, aulas ATAL o de enlace, Escuelas Oficiales de Idiomas, academias y asociaciones humanitarias (ONG, Cruz Roja, Granada acoge, etc.).

El análisis de datos se realizó con dos programas estadísticos: SPSS 21 (*Statistical Product and Service Solutions*) y el programa R. Se aplicó el análisis cuantitativo (descriptivo e inferencial).

Se usaron dos cuestionarios como instrumento de la investigación: uno para los estudiantes universitarios (58 ítems) y otro para los profesores (47 ítems). Se ha confirmado la fiabilidad y la validez de los dos cuestionarios.

Los resultados indican que el 65,1% de los estudiantes se sienten preparados para enseñar español a alumnos inmigrantes como futuros docentes. Esta autoevaluación alta no se confirma en el resto de las respuestas que realmente miden su preparación.

El 73,2% considera que durante la carrera universitaria sí ha recibido formación general para atender a alumnos inmigrantes y el

79% que ha recibido formación específica lingüística para enseñar español a inmigrantes. El 51,8% afirma haber recibido esta formación en una asignatura específica, pero el 73,35% la considera insuficiente. De los que no han recibido esta formación, un porcentaje muy alto (92,1%) considera que le hace falta.

En cuanto a los profesores, solo el 14% considera que durante su carrera universitaria recibió formación específica lingüística para enseñar español a alumnos inmigrantes.

El 80,3% de los estudiantes encuestados reconoce no conocer las aulas ATAL. Aun así, en una pregunta posterior se les pregunta qué es el aula ATAL y las respuestas se distribuyen de la siguiente manera: solo el 28,9% contesta correctamente; de la misma manera, el 97,2% afirma conocer las aulas de enlace, pero se confirma que es así solo para el 47,6%.

A la pregunta de cuál es el primer modo verbal que enseñarían a los alumnos inmigrantes contesta «bien» el 86,1% de los estudiantes. Aunque el porcentaje es alto, consideramos que si los alumnos tuvieran conocimientos muy básicos de gramática y de la especificidad del español como lengua extranjera, contestarían correctamente en su totalidad: empezar por el modo indicativo y no por el imperativo o el subjuntivo. Además, el 17,8% de los estudiantes demuestran no distinguir entre verbos regulares e irregulares y no acertar en su decisión de cuál es el primer verbo regular o irregular que enseñarían en el nivel A1: cuando se les pregunta el ejemplo del verbo regular contestan con alguno irregular y viceversa.

Teníamos especial interés en dos preguntas, cuyas respuestas revelan la experiencia y la conciencia sobre las dificultades para un extranjero: cuál es el tiempo verbal más fácil y el más difícil morfológicamente. En primer lugar, tal como confirmó el estudio piloto los estudiantes universitarios ni siquiera entienden bien la pregunta: *morfológicamente* se refiere a la formación/la conjugación del verbo en un tiempo y las irregularidades que presenta. Si hubiéramos planteado la pregunta sobre la dificultad funcional, o sea de uso, las respuestas deberían indicar cualquier tiempo del modo subjuntivo. En nuestra opinión, el tiempo más fácil morfológicamente es el imperfecto de indicativo, porque tiene solo tres verbos irregulares: *ser, ir* y *ver*. Todos los demás se comportan como regulares y, además, la segunda y la tercera conjugación coinciden y esto representa otra facilidad añadida. En cuanto al tiempo más difícil morfológicamente, nosotros daríamos dos respuestas: el pretérito perfecto simple (indefinido) de indicativo o el presente de indicativo. La percepción de los extranjeros señala el pretérito perfecto simple (indefinido) de indicativo. Quizás influya también el hecho de que el presente de indicativo es el primer tiempo que aprenden y la mayor frecuencia de su uso, por lo que lo perciben como más fácil. Hemos considerado como respuesta correcta los dos tiempos, aunque nosotros personalmente nos inclinamos por el presente de indicativo.

Tenían que poner un ejemplo de verbo conjugado en el tiempo elegido por ellos como el más difícil y el más fácil. Casi el 60% no ha contestado con un ejemplo para el tiempo más fácil. Nos parece preocupante que un 10,4% de los estudiantes universitarios señalan un tiempo inexistente en español (para el más difícil).

La otra pregunta ha sido sobre el tiempo más fácil morfológicamente para un extranjero. El porcentaje de la respuesta correcta es bajísimo: 1,3% (Imperfecto de Indicativo). Creemos que esto revela un profundo desconocimiento del sistema verbal español, además de una falta de reflexión y de conciencia metalingüística en nuestros estudiantes, que al no haber tenido formación lingüística específica sobre la enseñanza del español a alumnos no nativos, no son capaces de ponerse en el lugar de los extranjeros y de observar su propia lengua «desde fuera».

A continuación presentamos solo las respuestas correctas para ver qué porcentaje tienen en el Grado de Educación Primaria y de Filología española. En cuanto al tiempo más fácil, hemos añadido también el Presente de Indicativo por ser la moda en el análisis de frecuencia, a pesar de no ser la respuesta correcta (tabla 14).

Tabla 14. Porcentaje de las respuestas correctas o de la moda sobre los tiempos verbales, según la titulación. Resultados con porcentaje de la fila.

	Pregunta	Educación Primaria	Filología española
Tiempo más difícil	Presente de Indicativo	35,6%	6,5%
	Pretérito Perfecto Simple de Indicativo	6,2%	12%
Tiempo más fácil	Imperfecto de Indicativo	0%	3,3%
	Presente de Indicativo	32,9%	6,5%

En la tabla 15 presentamos los resultados de los profesores en las mismas preguntas, según la titulación del docente y según el centro de trabajo.

Tabla 15. Tiempo verbal más difícil y más fácil morfológicamente según la titulación.

Titulación	Tiempo más difícil		Tiempo más fácil	
	Pres. Indic.	Pret. Perf. Simple	Pret. Imperfecto Indic.	Presente Indic.
Magisterio	0,0%	9,1%	0,0%	70,0%
Filología española	3,1%	31,3%	16,4%	54,1%
Máster ELE	18,2%	27,3%	20,0%	40,0%
Otra	7,9%	18,4%	17,6%	52,9%

Ningún maestro señala el Presente de Indicativo como el más difícil. El 9,1% afirma que es el Pretérito Perfecto Simple. La respuesta correcta sobre el tiempo más fácil morfológicamente (Imperfecto de

Indicativo) no ha sido señalada por ningún maestro (0%); el 70% de los maestros consideran que el Presente de Indicativo es el tiempo más fácil (que los autores de este artículo consideramos el más difícil o uno de los dos más difíciles junto con el Pretérito Perfecto Simple). Se observa que el mayor porcentaje de respuestas correctas en los dos casos corresponde a los profesores que han finalizado algún máster de ELE.

En la tabla 16 se distinguen estas respuestas según la etapa educativa o centro de trabajo de los profesores.

Tabla 16. Tiempo verbal más difícil y más fácil morfológicamente según el centro de trabajo. Porcentaje de la columna. Según los profesores.

Centro de trabajo	Tiempo más difícil		Tiempo más fácil	
	Pres. Indic.	Pret. Perf. Simple	Pret. Imperfecto Indic.	Presente Indic.
Universidad	6,3%,	31,3%	13,3%	60%
EOI	18,2%	36,4%	40%	30%
ATAL o aula de enlace	0,0%	40%	0,0%	100%
Educación Primaria	0,0%	12,5%	16,7%	50%
Educación Secundaria	8,3%	16,7%	10%	50%
CLM	10%	40%	40%	10%
Academia ELE	0,0%	25%	25%	37,5%
ONG	0,0%	0,0%	0,0%	85,7%
Varias de las anteriores	0,0%	50%	0,0%	50%
No trabaja	0,0%	20%	10,7%	60,7%

En cuanto a los contenidos en la clase de ELE, personalmente opinamos que el léxico y la gramática deben tener prioridad en el aprendizaje de los alumnos y en este sentido coincidimos con la opinión de los estudiantes en la investigación de González y Gabot (2015).

Consideramos que una preparación básica para enseñar el español a extranjeros incluye el conocimiento sobre las funciones comunicativas y por eso hemos planteado tres preguntas al respecto en las que se pedían también tres ejemplos: ¿qué funciones comunicativas trabajarías con inmigrantes en A1, B1 y con inmigrantes adultos de nivel inicial? Ha sido una pregunta con trampa para los estudiantes, puesto que las funciones comunicativas en A1 y en B1 serán las mismas, por ejemplo, saludar, disculparse, agradecer, presentar a alguien, despedirse, dar y pedir información, expresar gustos, deseos y sentimientos, dar una orden o instrucción, pedir un favor, ofrecer e invitar, aceptar o rechazar una invitación, etc.

En general, a medida que se avanza en los niveles va aumentando el número de funciones, así como el número de exponentes y su complejidad (se pueden comparar las funciones de "rogar", "amenazar"o "responder a un saludo").

Según los resultados del estudio, los estudiantes del Grado de Primaria han contestado la pregunta sobre las funciones en A1 de la siguiente manera: bien (66,7%), regular (17,3%) y mal (4,4%). Los estudiantes de Filología española han obtenido los siguientes porcentajes: bien (23,9%), regular (31,5%) y mal (3,3%).

Hemos planteado también la pregunta de en qué se va a diferenciar el discurso del profesor en el aula cuando tiene alumnos inmigrantes con insuficiente competencia lingüística en español. En esta pregunta esperamos que los estudiantes sean capaces de formular estos cambios en el discurso del profesor: hablar más lento, articular mejor, usar sinónimos con mayor frecuencia, parafrasear, simplificar el léxico y la sintaxis, evitar las oraciones largas, gesticular más, usar imágenes cuando es posible, formular preguntas para verificar la comprensión (tanto para inmigrantes como para nativos), etc.

Esta pregunta sobre los cambios en el discurso del profesor fue contestada "bien" por un 37,4% de los encuestados.

Todos estos resultados vienen a confirmar una carencia notable en la formación universitaria para enseñar el español como segunda lengua (a alumnos inmigrantes) que difiere mucho de la enseñanza del español como lengua materna, o sea, a nativos. Es muy importante subsanar esta laguna por dos razones, fundamentalmente: 1) porque la competencia en español como lengua vehicular mejorará el rendimiento académico de los alumnos inmigrantes; 2) la competencia comunicativa en español es la vía más rápida y eficaz para la integración social y cultural de los inmigrantes.

11. DECÁLOGO DEL BUEN PROFESOR EN ELE O EL2

La educación siempre será mejorable, pero no debe parecer algo inalcanzable. Siempre se puede hacer más y mejor. Los programas de formación deben preparar al futuro docente para la realidad de la enseñanza con todas sus dificultades y requisitos profesionales. Aun así, es conveniente que cada profesor diseñe su propia línea de desarrollo profesional mediante la formación continua.

Después de la reflexión en este capítulo sobre el papel del profesor de español como lengua extranjera o segunda y las necesidades en su formación, nos parece una buena manera de formular las conclusiones de este estudio, elaborando un decálogo del buen profesor en ELE, que es solo una propuesta sin pretender ser la única posible:

1. El buen profesor debe ser competente.

Su formación debe incluir obligatoriamente varias facetas: lingüística, didáctica y pedagógica.

2. Debe recordar en todo momento que la relación con el alumno es una relación interpersonal que, por tanto, requiere respeto, empatía, afectividad y honestidad.

El buen clima y el humor en clase son unos alicientes inmejorables.

3. El buen profesor debe planificar y programar.

La planificación y la programación son imprescindibles para la gestión de la clase. Los componentes principales son los objetivos de aprendizaje, la secuencia de actividades y el tiempo disponible. Es recomendable, pero no obligatorio en cada clase, considerar también las competencias, los contenidos, el método, las estrategias, los recursos y materiales y, por último, los criterios de evaluación. Según los pedagogos, la evaluación numérica es antipedagógica. Por eso, nos referimos a la evaluación como valoración de la consecución de los objetivos.

Hay que tener en cuenta también la edad, los intereses, las necesidades, los conocimientos previos y el nivel de referencia de los alumnos, los estilos de aprendizaje, los factores individuales, el centro, el contexto, etc.

4. Los recursos y materiales que utiliza el docente deben ser apropiados para los objetivos, la edad y los intereses de los aprendientes. El uso de las tecnologías es un requisito imprescindible en la sociedad actual.

5. El profesor debe saber motivar a los alumnos, aumentar su autoestima y autonomía.

6. El profesor debe enseñar lengua y cultura de manera integrada.

   Los contenidos estrella son y deben ser siempre el léxico y la gramática, pero no hay que enseñarlos en detrimento de los contenidos pragmáticos, socioculturales, interculturales, códigos semióticos no verbales, etc. Todos ellos deben estar presentes, pero hay que saber dosificar cuánto, cuándo y cómo.

7. El profesor debe saber aprovechar la utilidad pedagógica de los errores para el aprendizaje los alumnos. El conocimiento de las posibles interferencias de la lengua materna le puede resultar muy útil, pero no es obligatorio.

8. El profesor debe conseguir una clase interactiva.

9. El buen profesor debe enseñar a reflexionar, pensar y descubrir.

   En el ámbito de ELE, un ejemplo sería comparar con la lengua materna u otra segunda lengua ya adquirida y establecer similitudes y diferencias, etc.

10. El buen profesor aprende a lo largo de toda su vida.

La formación continua es un requisito importante en su profesión. Esta implica tanto distintos cursos de formación como la lectura de publicaciones especializadas. Una manera más de aprender es la investigación, por ejemplo, la investigación-acción.

12. LIMITACIONES DEL ESTUDIO Y PROSPECTIVA

Como es normal, todo es mejorable y nosotros somos conscientes de algunas dificultades que han surgido a lo largo de la investigación.

Se han diseñado dos cuestionarios: uno para profesores y otro, para estudiantes universitarios de Magisterio y de Filología española. Creemos que estos instrumentos han permitido conseguir los objetivos de la investigación.

Los cuestionarios se han rellenado de forma presencial u *online*. Suponemos que en la versión *online* algunos de los sujetos han buscado la respuesta correcta y esto perjudica nuestro propósito de valorar y medir la capacidad real de los sujetos de enseñar el español a inmigrantes.

El número total de preguntas es muy elevado en los dos cuestionarios. Esto ha provocado un número alto de preguntas no contestadas, aunque no sea la única razón. Se ha diseñado así para poder obtener la máxima información posible, pero consideramos que lo apropiado habría sido reducir a unas 25-30 preguntas.

Con los dos cuestionarios se pretendía conocer la capacidad y la opinión de los estudiantes universitarios (futuros docentes) y de los profesores. Nos falta por conocer la opinión de las familias en el caso de alumnos inmigrantes escolarizados respecto a la enseñanza que reciben. Esto sería otra manera de valorar o medir la formación de sus profesores. De esta manera, se completaría la triangulación de fuentes que aportaría una ventaja indiscutible para la investigación.

Los cuestionarios diseñados permitieron usar tres técnicas estadísticas: análisis descriptivo de frecuencia, análisis inferencial y ANOVA. En una investigación futura diseñaríamos instrumentos que permitieran sacar más jugo a los datos con un grupo de control y otro, experimental, para poder contrastar los resultados con y sin instrucción. Nos parece apropiado, porque confirmaríamos de una manera todavía más convincente la necesidad de formación específica para enseñar el español a inmigrantes.

13. CONCLUSIONES

El estudio parte de la necesidad de ajustar la formación académica de los docentes a la demanda laboral y a las características de la actual sociedad española, entre las que destaca el número elevado de inmigrantes. Se pretende abarcar tanto la formación universitaria de los futuros docentes para Educación Primaria y Secundaria, como la formación continua de los docentes funcionarios. Se investiga también sobre la formación de los docentes en las Escuelas Oficiales de Idiomas y en instituciones como la Cruz Roja, asociaciones sin fines lucrativos como Granada Acoge, etc. El estudio se centra en la formación lingüística y didáctica de estos profesionales para impartir el español como segunda lengua, o sea, a inmigrantes.

Se confirma el desajuste existente entre la formación de los futuros docentes y la demanda laboral o la realidad laboral, en la que se van a enfrentar a las dificultades y diferencias específicas en la atención al alumnado extranjero en comparación con el alumnado nativo. La diversidad en las aulas es un hecho y quizás los estudiantes universitarios tengan alguna formación en atención a la diversidad, en interculturalidad y en educación inclusiva, en general, pero siguen padeciendo una carencia notable en la formación específica para enseñar español a alumnos inmigrantes que difiere mucho de lo que supone la enseñanza de Lengua a nativos. Creemos que se trata de una laguna que urge subsanar, porque la competencia en español como lengua vehicular mejorará el rendimiento académico de los alumnos inmigrantes y, además, la competencia comunicativa en español es la vía más eficaz para la integración social y cultural de este colectivo (Níkleva y Contreras-Izquierdo, 2020).

Para solucionar esta situación, entendemos que deben realizarse modificaciones curriculares en las titulaciones analizadas, todo ello en el marco de una política global de atención a la población inmigrante. Dichas modificaciones deberían ser impulsadas por las instituciones públicas generales del Estado y de las CC.AA.

Basándonos en los resultados obtenidos, consideramos que el impacto del estudio tendrá una amplia repercusión científica en el ámbito de Ciencias Sociales (Educación), puesto que pretende mejorar la formación de los docentes para enseñar el español a inmigrantes en todos los contextos educativos: formación universitaria, docentes en Educación Primaria y Secundaria (aulas de apoyo lingüístico), en Escuelas Oficiales de Idiomas y en asociaciones humanitarias.

El estudio pretende mejorar la formación de los docentes de español para inmigrantes y por tanto tendrá un impacto no solo educativo, sino también social, puesto que contribuirá a todo el proceso de integración social de los inmigrantes tanto escolarizados como adultos al proporcionarles el instrumento básico de comunicación que es la lengua. Para los inmigrantes escolarizados el español es la lengua vehicular que les permite el acceso a los contenidos de todas las demás áreas curriculares. Para los inmigrantes adultos el español o la competencia en comunicación lingüística es imprescindible y fundamental para poder desenvolverse en la sociedad española y, a veces, para subsistir: buscar trabajo, alquilar una vivienda, usar servicios sociales y sanitarios, etc.

En nuestra investigación pretendemos confirmar y defender la necesidad de mejorar la formación de los docentes de español para inmigrantes en todos los contextos educativos de enseñanza reglada y no reglada. Nuestra investigación se ha realizado en colaboración entre varias entidades educativas: la Universidad de Granada, la Universidad Complutense de Madrid, la Universidad de Almería, Aulas Temporales de Adaptación Lingüística en Andalucía (incluida Melilla), Aulas de enlace en Madrid y Escuelas Oficiales de Idiomas. Por tanto, creemos que nuestra investigación y propuesta de mejora van a tener un alcance amplio no solo en el marco del sistema educativo, sino también en el social, ya que supone facilitar y acelerar la integración social en todos los ámbitos de la población extranjera en España.

REFERENCIAS BIBLIOGRÁFICAS

Albert, M. J. (9 de marzo de 2009). La formación a docentes no atiende las necesidades de los inmigrantes. *El País*. http://elpais.com/diario/2009/03/09/andalucia/1236554526_850215.html

Alonso, E. (2015). Educar a aprender. En F. Herrera (Ed.), *La formación del profesorado de español. Innovación y reto* (pp. 31-39). House y Difusión.

ANECA (2005). *Libro Blanco. Título de Grado en estudios en el Ámbito de la Lengua, Literatura, Cultura y Civilización.* https://bit.ly/2QZJlPE

Banks, J. (2008). Diversity, Group Identity and Citizenship Education in a Global Age. *Educational Researcher,* 37 (3), 129-139.

Bolitho, R.; Gower, R.; Johnson, K.; Murison-Bowie-Simon; Rossner, R. y Blanco, R. (1983). Talking shop: the communicative teaching of English in non englishspeaking countries. *ELT Journal,* 37, 235-242.

Bolívar, A. (2004). El conocimiento de la enseñanza: explicar, comprender y transformar. *Salusvita,* 25 (1), 17-42.

Collado Hurtado, E. (2009). El rol del profesor en un contexto de autoaprendizaje asistido en Francia. En A. Barrientos Clavero (Ed.), El profesor de español LE-L2: *Actas del XIX Congreso Internacional de la Asociación para la Enseñanza del Español como Lengua Extranjera (ASELE),* (Vol. 1, pp. 395-408). Universidad de Extremadura. http://cvc.cervantes.es/ensenanza/biblioteca_ele/asele/pdf/19/19_0395.pdf

Consejería de Educación de la Junta de Andalucía (2015). *Datos y cifras. Curso 2015-2016.* http://www.juntadeandalucia.es/educacion/webportal/ishare-servlet/content/2a370600-f258-4e05-97a9-2e454cd9263b

Consejo de Europa (2001). *Portafolio Europeo de Lenguas.* Estrasburgo: Consejo de Europa. http://www.oapee.es/oapee/inicio/iniciativas/portfolio.html

Consejo de Europa (2002 [2001]). *Marco común europeo de referencia para las lenguas: aprendizaje, enseñanza, evaluación.* Ministerio de Educación, Cultura y Deporte. http://cvc.cervantes.es/obref/marco

Consejo de Europa (2006). *Plurilingual Education in Europe: 50 Years of International Cooperation.* Council of Europe, Language Policy Division.

Consejo de Europa (2009). *Autobiography of Intercultural Encounters*. Council of Europe. http://www.coe.int/t/dg4/autobiography/ autobiographytool _EN.asp?

Cruz Piñol, M. (2004). La formación de profesores de ELE desde las licenciaturas de Filología. En E. Martinell (Ed.), *La oferta formativa del profesorado de E/LE* (pp. 19-30). Edinumen.

Cuesta, F. y Ibarra, J. (2007). L2 en contextos educativos: Formación permanente del profesorado. *Linred, Lingüística en la Red*, 5, 1-16. Monográfico *La enseñanza de segundas lenguas a inmigrantes*. http://www.linred.com/numero5_anexo1_Art6.html

Domínguez Garrido, M. C. y Medina, C. (2009). La formación de profesores y educadores. En A. Medina Rivilla (Ed.), *Didáctica. Formación básica para profesionales de la educación* (pp. 511-548). Editorial Universitas.

Escarbajal Frutos, A. (2009). *Estudio de las respuestas socioeducativas ofrecidas a los inmigrantes en la región de Murcia y propuesta formativa para trabajadores sociales y educadores sociales*. [Tesis doctoral]. https://digitum.um.es/digitum/bitstream/10201/10025/1/EscarbajalFrutos.pdf

Esteve, J. M. (2009). La formación de profesores: bases teóricas para el desarrollo de programas de formación inicial. *Revista de Educación*, 350, 15-29.

Esteve, O. (2004). Nuevas perspectivas en la formación del profesorado de lenguas: hacia el aprendizaje reflexivo o aprender a través de la práctica. En *Actas de l'Erste Tagung zur Didaktik für Spanich und Deusth als Fremdsprache*. Bremen: Instituto Cervantes, 8-21. http://cvc.cervantes.es/ensenanza/biblioteca_ele/publicaciones_centros/PDF/bremen_2004/02_esteve.pdf

Esteve, O. y Alsina, Á. (2010). Hacia el desarrollo de la competencia profesional del profesorado. En O. Esteve, K. Melief y Á. Alsina (Coord.), *Creando mi profesión. Una propuesta para el desarrollo profesional del profesorado* (pp. 7-

García, J. A.; Sánchez, P.; Moreno, I. y Goenechea, C. (2010). Estudio del sistema y funcionamiento de las aulas de enlace de la Comunidad de Madrid. De la normativa institucional a la realidad cotidiana. *Revista de Educación*, 352, 473-493.

Gil García, M. T. y Kondo Pérez, C. M. K. (2005). Propuestas para la enseñanza del italiano en el aula: aprender traduciendo. *Cuadernos de Filología Italiana*, 12, 33-47.

González Blasco, M. (2007). La formación de los profesores de español como segunda Lengua para inmigrantes: perspectivas para revisar los programas e introducir mejoras cualitativas. En S. Pastor Cestero y S. Roca Marín (Eds.), *La evaluación en el aprendizaje y la enseñanza del español como lengua extranjera/segunda lengua. Actas del XVIII Congreso internacional de la asociación para la enseñanza del español como lengua extranjera, ASELE* (pp. 606-610). Universidad de Alicante.

González, M. y Gabot, M. (2015. ¡No gramatices! Por qué hay que analizar la lengua en el aula de español. En F. Herrera (ed.), *La formación del profesorado de español. Innovación y reto* (pp. 53-60). International House y Difusión.

González-Peiteado, M. y Rodríguez-López, B. (2014). La formación inicial de los profesores de lengua extranjera: un espacio para generar estilos de actuación. *Bordón,* 66 (4), 69-86.

Gorospe, J. M. C.; De Aberasturi Apraiz, E. J.; Gutiérrez Cuenca, L. P. (2009). El e- portafolio en el proyecto Elkarrikertuz: Las narrativas audiovisuales en el aprendizaje de la cultura escolar y la formación inicial del profesorado reflexivo. *Red U–Revista de Docencia Universitaria.* Número monográfico III, 1-17.

Grañeras, M.; Vázquez, E.; Parra, A.; Rodríguez, F.; Madrigal, A. M. y Vale-Vasconcelos, P. (2007). La atención lingüística al alumnado extranjero en el sistema educativo español: normativa, actuaciones y medidas. *Revista de Educación*, 343, 149-174.

Gutiérrez, R. y Miyar, M. (2010). Conocimiento del español e integración social de los inmigrantes. En J. A. Alonso y R. Gutiérrez (eds.), *Emigración y lengua. El papel del español en las migraciones internacionales* (pp. 161-227). Ariel.

Iglesias Casal, M. I. (1998). Comunicación intercultural y enseñanza de lenguas extranjeras: hacia la superación del etnocentrismo. En J. L. Caramés Lage, C. Escobedo de tapia y J. L. Bueno Alonso (Coords.), *El discurso artístico norte y sur: eurocentrismo y transculturalismos* (Vol. 2) (pp. 243-260). Universidad de Oviedo.

Instituto Cervantes (2006). *Plan Curricular del Instituto Cervantes*. Biblioteca Nueva.

Instituto Cervantes (2012). *Las competencias clave del profesorado de lenguas segundas y extranjeras*. http://cvc.cervantes.es/Ensenanza/biblioteca_ele/competencias/default.htm

Instituto Cervantes, Centro Virtual Cervantes (1997-2023). *Diccionario de términos clave de ELE*. http://cvc.cervantes.es/ensenanza/biblioteca_ele/diccio_ele/

Instituto Nacional de Estadística (INE) (2015). *Migraciones exteriores desde 2008*. INE http://www.ine.es/jaxi/tabla.do

Juan Rubio, A. D. y García Conesa, I. M. (2013). Los diferentes roles del profesor y de los alumnos en un aula de lengua extranjera. *Tonos digital*, 25, 1-9.

Leistyna, P. (2002). *Defining and designing multiculturalism: One school system's efforts*. State University of New York Press.

Leiva Olivencia, J. J. (2012). La formación en educación intercultural del profesorado y la comunidad educativa. *Revista Electrónica de Investigación y Docencia (REID), Número Monográfico*, 8-31.

Manchón Ruiz, R. M. (2001). Un acercamiento psicolingüístico al fenómeno de la transferencia en el aprendizaje y uso de segundas lenguas. En S. Pastor Cesteros y V. Salazar García (eds.), *Estudios de lingüística* (pp. 39-71). Espagrafic.

Martín Martín, J. M. (2000). El español en el aula de inglés. Un estudio empírico. *ELIA I*, 81-91.

Martín Martín, J. M. (2001). Nuevas tendencias en el uso de la L1. *ELIA 2*, 159-169.

Martín Sánchez, M. Á. (2007). El profesor de E/LE: personalidad, motivación y eficacia. *Ogigia. Revista electrónica de estudios hispánicos*, 1, 17-30.

Mendoza, A. (1998). Marco para una Didáctica de la Lengua y la Literatura en la formación de profesores. *Didáctica*, 10, 233-269.

Moreno García, C. (2007). La enseñanza y el aprendizaje del español (castellano) en aulas multilingües. De los fundamentos a las expectativas. *Revista de Educación*, 343, 15-33.

Níkleva, D. (2011). Aspectos interculturales y pedagógicos del choque cultural para inmigrantes de origen búlgaro en Andalucía. *MarcoELE*, 13, 1–11.

Níkleva, D. (2012). La competencia intercultural y el tratamiento de contenidos culturales en manuales de español como lengua extranjera. *RESLA*, 25, 165-187.

Níkleva, D. (2014). La formación del maestro para las Aulas Temporales de Adaptación Lingüística (ATAL): una propuesta de ajustar la formación académica y la demanda laboral. En D. G. Nikleva (ed.), *El reto de atender a alumnos inmigrantes en la actual sociedad española* (pp. 15-46). Síntesis.

Níkleva, D. (2014). *Las herramientas de autor en el ámbito educativo. Un manual práctico para docentes.* GEEPP Ediciones.

Níkleva, D. (2017). El uso de la lengua materna en la clase de lenguas segundas y extranjeras y sus aplicaciones en la formación de los docentes. En D. Níkleva (coord.), *La formación de los docentes de español para inmigrantes en distintos contextos educativos* (pp. 45-75). Peter Lang.

Níkleva, D. y Contreras-Izquierdo, N. (2020). La formación de estudiantes universitarios para enseñar el español como segunda lengua a alumnos inmigrantes en España. *Revista Signos. Estudios de Lingüística*, 103 (53), 496-519.

Níkleva, D. y García-Viñolo, M. (2023). La formación del profesorado de español para inmigrantes en todos los contextos educativos. *Onomázein*, 60, 167-188.

Níkleva, D. y Ortega Martín, J. L. (2015), The pre-service training of students in the Bachelor's in Primary Education on how to teach immigrant students and different educational intervention measures / La formación del alumnado del Grado de Primaria para enseñar a alumnos inmigrantes y las medidas de intervención educativa. *Cultura y Educación*, 27 (2), 301-336.

Níkleva, D. y Rico-Martín, A. M. (2017). Attitudes and cultural stereotypes of future teachers towards immigrant students in Spain. *Educación XX1*, 20 (1), 57-73.

Níkleva, D. y Rico-Martín, A. M. (2018). El papel del profesor de español como lengua extranjera o segunda y las necesidades en su formación. En D. G.

Níkleva (Coord.), *La formación del profesorado de español como lengua extranjera: necesidades y tendencias* (pp.11-38). Peter Lang.

Orta, A. (2015). El arte de planificar y planificar con arte. En F. Herrera (ed.), *La formación del profesorado de español. Innovación y reto* (pp. 81-88). International House y Difusión.

Pastor Cesteros, S. (2007). Enseñar una segunda lengua (SL) y en una SL: hacia una nueva formación del profesorado de español para inmigrantes. *Linred (Lingüística en la red), monográfico,* 1-10.

Pizarro, M. (2013). Nuevas tareas para el profesor de español como lengua extranjera: la reflexión sobre su concepción de la enseñanza. *Porta Linguarum,* 19, 165-178.

Richards, J. C. y Rodgers, T. S. (1998 [1986]). *Enfoques y métodos en la enseñanza de idiomas.* Madrid: Cambridge University Press.

Rico Martín, A. M. (2005). De la competencia intercultural en la adquisición de una segunda lengua o lengua extranjera: conceptos, metodología y revisión de métodos. *Porta Linguarum, 3,* 79-94.

Rico-Martín, A. M. (2014). La competencia intercultural en el aula de español para escolares inmigrantes. En D. G. Níkleva (coord.), *El reto de atender a alumnos inmigrantes en la sociedad española* (pp. 47-64). Síntesis.

Rico-Martín, A. M. y Níkleva, D. (2017). La enseñanza del español como segunda lengua en la formación universitaria de los futuros docentes: análisis de planes de estudios y percepción de los estudiantes. En D. Níkleva (Ed.), *La formación de los docentes de español para inmigrantes en distintos contextos educativos* (pp. 163-195). Peter Lang.

Verdía, E. (2010). De la adquisición del conocimiento al desarrollo de la competencia docente: profesionalización de los profesores de ELE, *Actas II Encuentros (ELE) Comillas, El profesor de ELE: metodología, técnicas y recursos para el aula,* pp. 59-70. https://www.upf.edu/pdi/dtf/paz.battaner/docums/2009_proyecto_daele.pdf#page=59

Villalba Martínez, F. y Hernández García, M. T. (2002). *Programación para la enseñanza del español como L2 a adultos inmigrantes.* https://bit.ly/2P-FAFcJ

Villalba Martínez, F. y Hernández García, M. T. (2008 [2004]). La enseñanza del español a inmigrantes en contextos escolares. En J. Sánchez Lobato e I. Santos Gargallo (Eds.), *Vademécum para la formación de profesores. Enseñar el español como segunda lengua (L2)/lengua extranjera (LE)* (pp. 1225-1258). SGEL.

Villalba Martínez, F. y Hernández García, M. T. (2010). Perspectivas y líneas de trabajo en la enseñanza de español a inmigrantes, *Monográfico, MarcoELE*, 10, 163-184.